Friedrich Freiherr von der Trenck

Friedrich v. d. Trencks Erzählung seiner Fluchtversuche aus Magdeburg

Nach eigenhändigen Aufzeichnungen

Friedrich Freiherr von der Trenck

Friedrich v. d. Trencks Erzählung seiner Fluchtversuche aus Magdeburg
Nach eigenhändigen Aufzeichnungen

ISBN/EAN: 9783743610859

Hergestellt in Europa, USA, Kanada, Australien, Japan

Cover: Foto ©ninafisch / pixelio.de

Manufactured and distributed by brebook publishing software (www.brebook.com)

Friedrich Freiherr von der Trenck

Friedrich v. d. Trencks Erzählung seiner Fluchtversuche aus Magdeburg

Fr. v. d. Trenck's Erzählung seiner Fluchtversuche aus Magdeburg.

Nach Trenck's eigenhändigen Aufzeichnungen

in dessen gegenwärtig im Besitze Sr. Majestät des Königs Johann von Sachsen befindlichen Gefängniß-Bibel

wortgetreu herausgegeben

von

J. Petzholdt.

Nebst einer bibliographischen Uebersicht der Trencklitteratur, einer Beschreibung der Trenckbibel und des Trenckbechers, sowie einem Titelbilde.

Dresden.

G. Schönfeld's Buchhandlung (C. A. Werner).

1866.

Der Zufall hat im J. 1865 zwei Reliquien des bekannten unglücklichen Freiherrn Friedrich von der Trenck in den Besitz Sr. Majestät des Königs Johann von Sachsen gebracht, und theils dieser Umstand, theils die darüber in verschiedenen Zeitschriften laut gewordene Kunde dazu Veranlassung gegeben, daß wie einestheils die Aufmerksamkeit des Publikums in Bezug auf den genannten Mann wieder von Neuem mehr oder weniger angeregt worden ist, so anderentheils ich, in dessen Verwahrung die beiden Reliquien gekommen sind, mich darauf hingewiesen gesehen habe, mit der ziemlich umfänglichen und ihrer Zeit sehr beliebten, jetzt aber nahezu in Vergessenheit gekommenen Litteratur, welche von Trenck handelt, eingehender mich zu beschäftigen. Diese Beschäftigung ist aber, soweit sie mit der Herbeischaffung der von Trenck handelnden Quellenschriften oder wenigstens bibliographisch genauerer Nachrichten darüber zu thun gehabt hat, mit nicht ganz unbedeutenden Mühwaltungen aus dem Grunde verbunden gewesen, weil ein sehr großer Theil der in die Trencklitteratur einschlagenden Schriften mehr oder minder dem Fache der älteren Leihbibliotheken-Litteratur angehört, welche, der Lesebegierde des größeren Publikums Preis gegeben, nach und nach so gut wie ganz verschwindet, und selbst in den bibliographischen Lexicis sehr wenige überall zuverlässige Spuren zurückzulassen pflegt. Ich habe, um zu einer möglichst vollständigen Kenntniß der Trencklitteratur zu gelangen, alle Dresdner Bibliotheken durchsucht, selbst die kleinsten Winkelleihbibliotheken durchstöbern lassen, und alle mir zugängliche bibliographische und sonstige Hilfsmittel benutzt, bin aber gleichwohl nicht im Stande gewesen, mir eine wirklich nahezu vollständige Uebersicht über diese Litteratur zu verschaffen. Inzwischen ist Das, was ich entweder von der Trencklitteratur selbst gesehen und in den Händen gehabt, oder was ich wenigstens aus genaueren Angaben darüber kennen gelernt habe, immer schon erheblich genug, daß es sich der Mühe wohl lohnt, eine Uebersicht davon zum Nutzen und Frommen Derer zu veröffentlichen, die etwa einmal Anlaß finden sollten, sich ebenfalls mit Trenck näher zu beschäftigen — eine Uebersicht, die ihnen dann, wenn nicht mehr, doch jedenfalls Zuverlässigeres zu bieten haben wird, als das Verzeichniß der Schriften von Trenck in J. G. Meusel's „Gelehrtem Teutschland oder Lexikon der jetzt lebenden Teutschen Schriftsteller. Bd. VIII. Fünfte Ausgabe. (Lemgo, Meyer. 1800. 8°.) S. 108—11", sowie das Verzeichniß der Schriften über Trenck in E. M. Oettinger's „Bibliographie biographique. (Leipzig, Engelmann. 1850. 4°.) S. 663—64" und „Bibliographie biographique universelle. Tom. II. (Bruxelles, Stienon. 1854. 4°.) Sp. 180—2" enthalten. Jene meine Uebersicht, die ich bereits stückweise in meinem „Neuen Anzeiger für Bibliographie und Bibliothekwissenschaft. Jahrg. 1865. (Dresden, Schönfeld. 8°.) S. 97—104, 137—39, 233—37, 325" nebst Nachrichten über die beiden oben erwähnten Trenckreliquien mitgetheilt habe, ist, mit der neuesten Trenckschrift vermehrt, im Zusammenhange folgende:

* „Araxane Ein erdichtetes Trauerspiel. Ausgeführt auf dem Kaiserlich Königlich-privilegirten Stadt-Theater in Wienn nächst dem Kärntner Thor. Verfasset von Herrn B. v. Trenck. Wienn, Krause. 1754. 8°. 85 S."
Bildet das erste Stück im V. Theile der Deutschen Schaubühne zu Wienn.

„Friedrichs Freyherrn von der Trenck Kaiserl. Königl. Obristwachtmeisters Samlung vermischter Gedichte welche in seinem zehnjährigen Gefängnis in Magdeburg geschrieben wurden. Frankfurt u. Leipzig. (1767.) 8°. 20 Bll. 280 S."

„* Verliebte Gedichte eines Gefangenen. Verfertiget im Kerker. Aachen. 1774. 8°. 62 S. Mit Titelbild."

„Des Freih. Fried. von der Trenk sämmtliche Gedichte und Schriften. Bd. I. Leipzig. 1786. Bd. II. O. O. 1786. — Friedrich Freyherrn von der Trenck sämmtliche Gedichte und Schriften. Bd. III—V. O. O. 1786. — Friedrichs Freyherrn von der Trenck sämmtliche Gedichte und Schriften. Bd. VI—VII. O. O. 1786. 8°. 18 Bll. 301 S.; 2 Bll. 320 S.; 3 Bll. 343 S.; 8 Bll. 342 S.; 2 Bll. 371 S.; 2 Bll. 298 S.; 4 Bll. 384 S."

„* Friedrichs Freih. von der Trenck. Moralische Schriften. Th. I—III. Wien, v. Kurzbeck. 1786. 8°. 260 S.; 4 Bll. 359 S.; 4 Bll. 357 S."

Uebersetzung der „Oeuvres spirituelles" des Abbé Barth. Baudran, mit Trenck's Aenderungen und Hinzufügung eigener Ausarbeitungen.

„Des Fridrich Freyherrn von der Trenck, merkwürdige Lebensgeschichte. Von ihm selbst als ein Lehrbuch für Menschen geschrieben, die wirklich unglücklich sind, oder noch gute Vorbilder für alle Fälle, zur Nachfolge bedürfen. Bd. I. O. O. 1786. 8°. 16 Bll. 299 S. Mit Friedrich v. d. Trenck's Portrait. — Des Friedrichs Freyherrn von der Trenck merkwürdige Lebensgeschichte. Bd. II. O. O. 1786. 8°. 1 Bl. 323 S. Mit 1 Abbild. und 1 Erklärungsbl. dazu. — Friedrich Freyherrn von der Trenck merkwürdige Lebensgeschichte. Th. III. Berlin, Vieweg d. ältere. 1787. 8°. 11 Bll. 336 S. (eigentlich die Buchhändleranzeigen, die auch mit paginirt sind, abgerechnet, nur 330 S.) Mit Franz v. d. Trenck's Portrait."

„Des Friedrichs Freyherrn von der Trenck merkwürdige Lebensgeschichte. Von ihm selbst als ein Lehrbuch für Menschen geschrieben, die wirklich unglücklich sind, oder noch gute Vorbilder für alle Fälle, zur Nachfolge bedürfen. Th. I—II. Leipzig, Beer. 1787. 8°. 16 Bll. 299 S. mit Portrait & 2 Bll. 323 S. mit Titelbild."

Mit verschiedenen anderen Bildern, die sich aber nicht in allen Exemplaren finden.

„Des Friedrich Freyherrn von der Trenck, merkwürdige Lebensgeschichte. Von ihm selbst als ein Lehrbuch für Menschen geschrieben, die wirklich unglüklich sind, oder noch gute Vorbilder für alle Fälle, zur Nachfolge bedürfen. Bd. I—III. O. O. 1787. 8°. 13 Bll. 240 S. mit Titelbild; 1 Bl. 294 S.; 8 Bll. 272 S."

„Des Freyherrn Friedrichs von der Trenck merkwürdige Lebensgeschichte. Von ihm selbst als ein Lehrbuch für Menschen geschrieben, die wirklich unglücklich sind, oder noch gute Vorbilder für alle Fälle zur Nachfolge bedürfen. Th. I—II. Zweyte, rechtmäßige und verbesserte Auflage. Wien, auf Kosten des Verf.'s. 1787. 8°. 262 S. mit Portrait & 273 S. mit 1 Kpfr. — Hierüber noch: Th. III. Wien, Wucherer. 1787. 8°. 6 Bll. 263 S."

„Friedrich Freyherrn von der Trenck merkwürdige Lebensgeschichte. Th. I. Neue mit Zusätzen vermehrte und verbesserte Auflage mit Kupfern. Berlin, Vieweg d. ältere. 1787. 8°. 12 Bll. 296 S. Mit Portrait."

Die Zahl der Kupfer ist in verschiedenen Exemplaren verschieden, bald größer, bald kleiner; es kommen auch Exemplare ohne Kupfer vor.

„* La Vie de Frédéric, Baron de Trenck, écrite par lui-même, et traduite de l'allemand en françois par le Baron de B***. Metz, Lamort. (Paris, Belin.) 1787. kl. 8°. 2 Vols."

Der Uebersetzer ist Baron v. Bock.

„Letzte Unterredung Friedrichs des Großen in der Todesstunde mit Pater Pavian, einem Franciskaner-Guardian. Ein Traumgesicht, worinnen man die Stufen des Menschen-Verstandes von Leibnitz bis zum Affen abmessen kann. Von Friedrich Freyh. von der Trenck. O. O. 1787. fl. 8°. 76 S."

„Das Schicksal der Frau Justitia bei allen Höfen Europens. Ein Roman und Gedicht, von dem Verfasser des Macedonischen Helden Friedrich Freyherrn von der Trenck. Berlin. 1787. 8°. 71 S."

„Wahrhafte Beleuchtung der Lebensgeschichte des Freyherrn von der Trenck, wider die Beschuldigungen gegen Friedrich den Großen, von einem Brandenburgischen Patrioten. Neue revidirte, und mit der Beleuchtung des dritten Theils von Trencks Lebensgeschichte vermehrte Original-Ausgabe. Lausanne. 1787. 8°. 4 Bll. 120 S."

 Das Vorwort ist unterzeichnet: A— — —; der wahre Druckort soll Leipzig sein.

„Ueber den Character und die Schicksale des Freiherrn von der Trenck und über den Ton, der in den Schriften desselben herrscht. Berlin, Petit u. Schöne. 1787. fl. 8°. 24 S."

 Unterzeichnet: J. G. B.

„* La Vie de Frédéric, Baron de Trenck, écrite par lui-même, et traduite de l'allemand en françois par le Baron de Bock. II. Édition, revue et corrigée. Metz, Lamort. (Paris, Belin.) 1788. 12°. 2 Vols."

„* La Vie de Frédéric, Baron de Trenck, traduite de l'allemand par Le Tourneur; dans laquelle sont rétablis tous les passages supprimés dans l'édition de Metz. Paris, Buisson. 1788. 12°. 3 Vols."

„* The Life of Baron Frederic Trenck, translated from the

German by Thomas Holcroft. London. 1788—93. 12⁰.
4 Vols. Mit Portrait."
> So übereinstimmend an verschiedenen Orten angeführt. Ebenso übereinstimmende Angaben finden sich über eine zweite Ausgabe dieser Uebersetzung: London. 1789. 12⁰. 4 Bde.

„Mémoires de Frédéric, Baron de Trenck, traduits par lui-même sur l'original Allemand, augmentés d'un tiers, & revus sur la traduction, par M. de ***. Tom. I—III. Strasbourg, Treuttel; Paris, Onfroy. 1789. 8°. VIII, XXX, 419 S. mit 6 KK.; 2 Bll. 400 S. m. 2 KK.; 2 Bll. 403 S. m. 2 KK."

„Des Freih. Fried. von der Trenk sämmtliche Gedichte und Schriften. Bd. I—IV. Zweite vermehrte und verbesserte Auflage. Wien und Berlin. 1789. fl. 8°. 6 Bll. 332 S.; 4 Bll. 328 S.; 3 Bll. 306 S.; 1 Bl. X, 308 S."

„Examen politique et critique d'un ouvrage intitulé, Histoire secrète de la Cour de Berlin, ou Correspondance d'un Voyageur François. Par Frédéric Baron de Trenck. Berlin. (1789.) gr. 8°. 2 Bll. 416 S. Mit 1 Titelk."

„Trenk contra Mirabeau oder politisch-critische Beleuchtung der geheimen Geschichte des Berliner Hofs nebst mehrern wichtigen Staatsbemerkungen von Freyherrn Friedrich von der Trenk. Aus dem Französischen übersetzt. Leipzig, Haugs Witwe. 1789. 8°. 1 Bl. 413 S."

„Briefe und Begebenheiten Alexanders von Schell, eines Freundes des Barons von Trenk. Nebst seinem Testamente und einigen von ihm hinterlassenen Werken. Th. I—II. Lübeck, Donatius. 1790. 8°. 128 & 143 S."

„Nachtrag zur Lebensgeschichte Friedrichs Freyherrn von der Trenk. Vierter und merkwürdigster Band. Altona, im August 1792. 8°. XVI, 304 S. Mit Portrait."

„* Friedrichs Freyherrn von der Trenck Gedicht bey der Ueber=
sicht seines Schicksals, da er nach 43jähriger fruchtlosen Arbeit
aus Wien so wie Bellisar aus Constantinopel reisete. Allen
redlichen noch freyen Deutschen, die meine Geschichte mit Ge=
fühl gelesen haben, gewidmet. In Wien gedacht, in Berlin
geschrieben, in Hamburg bearbeitet, in Rom confiscirt und ge=
druckt in Altona im Juny 1792. 8°. 32 S."

„Beiträge Beleuchtungen und rechtliche Urkunden zu Trencks
Lebensgeschichte. Wahrheitsburg, Gebrüder Ehrlich und Redlich.
1793. 8°. 4 Bll. 396 S."
Von Friedrich Heinrich Bispink herausgegeben, und bei Doll
in Wien erschienen.

„Sendschreiben an den National-Convent und den Jacobiner-Club
in Paris, den berüchtigten Freyherrn Friedrich v. d. Trenck
betreffend. O. O. 1793. 8°. 16 S."
Unterzeichnet: Johann Gottlob Semmler. Leipzig 1793.

„Charakter-Züge des Freyherrn Friedrich von der Trenck und
Vertheidigung wider den vierten Theil seiner Lebensgeschichte,
zu noch mehrerer und völliger Entlarvung desselben, durch
notarialiter beglaubte Urkunden und seine eigenhändigen Briefe
erwiesen von Johann Gottlob Semmler. Halle, Renger;
Leipzig, Verfasser. 1794. 8°. XXVI, 130. S. Mit An=
hang 76 S."

„Ende der Lebensgeschichte Friedrichs Freiherrn von der Trenk.
Fünfter letzter und allermerkwürdigster Band. Nebst dessen
Briefen. A. u. d. Tit.: Der Geniestreich aller Geniestreiche;
nebst einer Fabel aus Schlaraffenland. Als Vermächtniß hinter=
lassen allen denkenden Männern, jungeblichen Brauseköpfen, recht=
schaffnen Aeltern, und tükischen Höflingen. Das letzte aus
dem Gefängniß in Paris hinterlaßene Werk, von dem Freiherrn

von der Trenck. Aus dem Französischen übersetzt. Paris u. Altona. 1796. 8°. 2 Bll. 124 S."
 Ist bestimmt nicht von Trenck verfaßt.

„Friedrich Freyherr von der Trenck. Sein Leben u. denkwürdige Schicksale. Für Leser jeden Standes neu bearbeitet von C. M. Rittler. Merseburg, Sonntag. 1822. 8°. 1 Bl. 230 S. Mit Titelbild."

„Friederichs Freiherrn von der Trenck Leben, Kerker und Tod. Nach Originalquellen neu dargestellt von Theodor Wahrmann. [A. u. d. Tit.: Die Trenck's. 1. Band.] Leipzig, Schreck. 1837. 8°. 254 S."
 Der Verfasser heißt: Ewald Christian Victorin Dietrich.

„The Life of Baron Frederik Trenck: containing his adventures, and cruel and excessive sufferings during an imprisonment of ten years, in the fortress of Magdeburg. London, Pratt. 1844. 16°. 320 S. Mit Titelbild."

„* Leben und Schicksale des Abenteurers Friedrich, Freiherrn von der Trenck, nebst einem Anhange: Anekdoten und Charakterzüge aus dem Leben dessen Vetters, des berühmten und berüchtigten Panduren-Anführers, Franz Freiherr von der Trenck. Nach Originalquellen und mit den nöthigen Anmerkungen und Berichtigungen von M. S. Erich. Leipzig, Dirnböck. 1846. 8°. VIII, 160 S."

„Hohe Liebe. Aus dem Leben des Freiherrn Friedrich von der Trenck. Historischer Roman mit Genrebildern aus Friedrich's des Großen Hof- und Kriegsleben von H. E. R. Belani. Th. I—III. Leipzig, Fritzsche. 1853. 8°. X, 279 S.: 1 Bl. 283 S.; 1 Bl. 302 S."
 Der Verfasser heißt: Carl Ludwig Haeberlin.

„* The Life of Baron Frederic Trenck, containing his Adventures and also his Sufferings during ten years' imprisonment in the fortress of Magdeburg. Albany, U. S. 1853. 8°."

„* Aventures du Baron de Trenck, d'après ses Mémoires; par Paul Boiteau. Paris, Hachette. 1853. 16°. 6²/₉ B."
 Gehört zur „Bibliothèque de chemins de fer. 2. Série: Histoire et voyages.

„Leben und Abenteuer des Freiherrn von der Trenck. Nach dem Französischen. Leipzig, Lorck. 1860. kl. 8°. VIII, 116 S."
 Nach der Boiteau'schen Schrift. Gehört zu den „Eisenbahn=büchern. Nr. 36."

„Friedrich von der Trenck. Historischer Roman von A. von L. Bd. I—III. Celle, Schulze. 1860. kl. 8°. 214, 235, 244 S."

„Le Baron de Trenck par Octave Féré et D. Saint-Yves. I—X. Paris. (Naumbourg a. S., Paetz.) 1865. 16°. Jedes Bändchen von I—IX à 160 S., X nur 135 S."
 Gehört zur „Bibliothèque choisie Vol. DCCCII—DCCCXI."

„Denkwürdigkeiten aus dem Leben des Freiherrn Friedrich von der Trenck, des unglücklichen Gefangenen von Glatz und Magdeburg. Ein Beitrag zur Geschichte der Höfe Friedrichs des Großen, Maria Theresias und Elisabeths von Rußland. Neue Ausgabe in drei Theilen. Celle, Schulze. 1865. (Auf dem Umschlagstitel: 1866.) kl. 8°. 214, 235, 244 S."
 Neue Titelausgabe der Schrift vom J. 1860.

Komme ich jetzt auf die beiden in den Besitz Sr. Majestät des Königs Johann von Sachsen gelangten Trenckreliquien zu sprechen: die eine davon ist ein zinnerner Trinkbecher, die andere eine Bibel.

Was zuerst den Trinkbecher anlangt, so ist derselbe von Trenck in der Zeit seiner Gefangenschaft zu Magdeburg benutzt worden, und enthält auf der Außenseite eine Menge Verse, welche Trenck nebst dazu gehörigen Bildern mittels eines fein zugespitzten Bretnagels sehr kunstvoll und so, daß sie theilweise nur durch das Mikroscop zu entziffern sind, eingravirt hat. Es sind von Trenck solcher gravirter Trinkbecher, wie er selbst erzählt, mehre gefertiget worden. Der gegenwärtig in Dresden befindliche Becher stammt aus dem Besitze des Herrn v. Tümpling auf Reinsdorf, der ihn aus dem Nachlasse des Chefpräsidenten Freiherrn v. Gärtner in Naumburg erhalten hat. Von einem anderen Becher, der früher Eigenthum des Kaufmanns Tuch in Leipzig gewesen, und nach dessen Tode in die Gegend von Merseburg verkauft worden ist, giebt es eine eigenhändig von Trenck gefertigte, von diesem selbst auch „1761. d. 20! July" und von anderer Hand „Trenck sanguine proprio scripsit" unterzeichnete Beschreibung, die im Besitze der Wittwe Tuch's, der jetzt verehelichten K. K. Oesterreich. Hauptmann Noack, zurückgeblieben ist. Noch andere solche Becher sollen sich in Berlin, sowie in Wien befinden, und außerdem trifft man in den Trenck'schen Gedichtsammlungen v. d. J. 1767, 1786 Bd. I u. II, 1789. Bd. II auf eine Menge Becherverse, die möglicher Weise wieder anderen dergleichen Bechern angehört haben. In den Versen des einen Bechers finden sich Anklänge an die Verse eines anderen Bechers, oder es wiederholen sich auch einzelne Verse mit fast übereinstimmendem Wortlaute auf verschiedenen Bechern. Die Verse auf dem im Besitze Sr. Majestät des Königs Johann von Sachsen befindlichen Zinnbecher lauten wortgetreu, wie folgt:

Auf dem äußeren Boden des Bechers.

Mon Lecteur genereux regardez ce gobblet!
Connoissiez Vous le coeur, de la main qui la fait?
Quel support pour mon sort: quel glorieux avantage
De me voir connû, bien jugé par un Sage!
Demasquez l'apparence: et voyez, paisez bien!
Ou trouvez Vous portrait plus touchant que le mien?

Presentéz au Grand Fedric, l'affreux exterieur,
Pour le faire curieux de connoitre mon coeur!

Mein Leser! wann Du mich auf diesem Becher siehst!
Frey, Edel, Menschlich denkst und Vorurtheile fliehst?
So wirst Du Stof für mich und Dich zum Denken finden.
Dann hilff dem Armen Trenck, Verläumder überwinden!
Ach forsche was mich drückt! Sprich, wo ich seufzend schweige!
Und reiche mir die Hand, eh' ich zum Grabe steige!

TrenCkIVs hVC pICtor, fIgVrIs LoqVItVr CaVtIs.
PonDera nVnC prVDens! faVtor tVnC erIs LVgentIs!
1763.
(Vgl. 1767. S. 119—20; 1786. II, S. 166—67; 1769. S. 164—65.)

1. Bild.

Güter die wir nicht besitzen, Können nur den Wunsch erhitzen, den man nicht erfüllen Kann; und wann wir sie wirklich haben, sehen wir nicht mehr die Gaben, sondern nur die Fehler an.

| Eine Dame: vor ihr ein knieender Mann. |

Wie seufzen nicht Verliebte Seelen wenn Widerstand die Glut vermehrt; durch Zwang und Mühe, Furcht und Quälen wird nur der Trieb zum Zweck ernährt. So gehts in allen unsern Sachen: Man lernt durch Mangel, den Genuß; durch Not, die Lust im Überfluß durch Schmerz und weinen edler Lachen. Die Freude ist ja nicht mehr Freude, wenn man sie nicht für Freude hält. ein Übel das ich wirklich leide, wird Freude, wenn es mir gefällt. im Unglück selbst steckt noch ein Preiß, wenn man ihn nur zu finden weiß. Denn wer viel Elend übertrug geneußt sein Glück gedoppelt klug.

(Vgl. 1767. S. 142—43.)

2. Bild.*)

Trenck in Ketten: vor ihm die Vernunft mit einem Lichte.

Hier in meiner Trauer Höhlen, hält mir die Vernunft das Licht und mit Vorwurffs freyer Seelen, fehlt es mir an Großmuth nicht. Will sogar kein Petrus sagen, daß er Gott im Leiden kennt; wie kann ich als Mensch denn klagen, wen ein Freund sich von mir trennt? wenn Verläumdung zaumfrey wütet: wenn der Trieb zur Welt mich nagt: wenn Cupido Schwermut brütet, bleibt mein Herz doch unverzagt. und weil das mich nicht verdammet, wird die Zeit mein Richter seyn. Urtheil das vom Pöbel stammet, macht mich weder schwarz noch rein, Unglück ist ja kein Verbrechen: Strafe schimpfft nicht. nein die That. nur die kluge Welt soll sprechen, was der Trenck verdienet hat. Mancher trägt der Sklaven Last, der da sollte Ordens tragen: und den Kerker sollten plagen, der wohnt glücklich im Pallast. Wer in Fesseln edel denket, und im Unglück lachen kan, bleibt, wird gleich sein Recht gekränket, in sich selbst ein großer Mann.

(Vgl. 1786. II, S. 138—39 u. 259—63; 1787. S. 131—32 u. 256—59.)

---

*) Dieses Bild, in welchem Trenck, wie es scheint, seine Leidensgeschichte symbolisch dargestellt hat, habe ich für passend gefunden, als Titelbild, nur in etwas vergrößertem Maaßstabe, sonst aber ganz getreu und sorgfältig abzeichnen zu lassen. Nimmt man das Bild als symbolische Darstellung, so würde die weibliche Figur als die Prinzessin Amalia zu deuten sein, welche ihr Bruder mit einem Mecklenburgischen Fürsten, dessen Wappen auf dem Bilde mit zu sehen ist, zu verheirathen gewünscht haben soll.

3. Bild.

Ein faules Pferd wird fett, und achtet nicht den Knüttel. Ein Mensch der sklavisch denkt, verdient den Sklaven Kittel. und meistens wohnet doch der Faulle im Pallast: schlägt den der fleissig ist, vermehrt der Sklaven Last. und ist ein asinus mit Excellenzen tittel.

| Eine Erndtescene: ein beladener Wagen fährt über eine Schildkröte. |

Vor Gewalt hilfft gar kein Schild: Dieses lehrt der Schildkrot Bild. ihre Schale kann viel tragen, aber nicht beladne Wagen. Mensch wer du auch immer bist! glaub daß niemand sicher ist! denn wann wir am meisten prahlen, so zerbrechen unsre Schalen. Wann uns Glück und Klugheit deckt, hat der Neid den Zahn gebleckt. und wer wierd vor seinen Bissen, Schilbe zu erfinden wissen! (Bgl. 1767. S. 128—29.)

4. Bild.

Cervi venantur, nos asini heroes vigemus.

| Hirsch und Esel. |

Der Esel sieht den Hirschen jagen und benkt . . . . . Ich bin ja mehr als du! an mich darf sich kein Jäger wagen: Trotz Hunde! lachend seh' ich zu; Der ist gewiß ein Bösewicht, weil man ihn gar mit Hunden hetzet . . . Schweig Esel: Hirsche peitscht man nicht: und für dich wird kein Spies gewetzet. Macht dich dein Esels Recht so stolz! geh Prahler vor dem Karren traben! Zum Schifbau taugt kein Weiden Holz: und Esels Fleisch nur für die Raben.   (Bgl. 1767. S. 162; 1786. I, S. 46—47.)

5. Bild.

Est ce Mops le favorit, qui merite le rottis? Verdienet Mops der Schmäuchler wol, das Waldmann für ihn jagen soll?

Der Mops und der Jagdhund.

Der müde Jagdhund ruht, matt hungrig auf dem Mist: wenn Mops auf Purpur schläft, und Hasen braten frißt. Mops wird im Glücke grau: er ist dazu geboren: ein Hund der brauchbar ist, wird desto mehr geschoren. was unser Fleiß verdient, verzehrt der Schmäuchler Zahn. Mops trägt ein Ordensband, den Jagdhund kuppelt man. O Welt wie mancher hat in dir sein Recht verloren! (Vgl. 1767. S. 124—25.)

6. Bild.

Celerius nautam ad portum ducunt procellae.

Das Schiff auf der See.

Pour un pilote courageux ni vent ni mēr sont dangereux. Quand l'Ouragan le veut detruire, il reste maitre du navire, et le conduite dans son chemin. Soyons pilotes en courage! bravons le sort et ses orages! manquons jamais de cour et main; un juste, resolu, et sage, parvient souvant tout impourvu, par des orages a son but, et juira des fruits du sort, plus essentiellement au port: que un autre, qui sans resistance, parvient au port sans experience. Ein Schiffer der viel Sturm besiegt, lebt in dem Hafen nur vergnügt. Ein Kluger der viel Schmerz ertrug, genießt sein Glück gedoppelt klug und weiß wie süß die Ruhe schmeckt, wenn ihn kein Sturm im Welt Meer schreckt.

(Vgl. 1767. S. 128; 1786. II, 146—47; 1789. S. 141—42.)

7. Bild.

Was nutzen dem Heerd Lock und Netze der in der Hütten schläft und träumt? So viel als dem des Glückes Schätze, der zum Genuß die zeit versäumt.

| Der Vogelheerd. |

8. Bild.

has timeto debilis bestias!

| Medaillonbild von Trenck. |

L'accident de la naissance, fait des tigres pour l'horreur: aux chats le meme coeur, dans un corps plein d'impuissance. le vouloir ne manque pas. mais n'etant que faibles chats, ils badinent lorsqu'ils grattent, vous echappez a leur pattes, mais le ciel connoit le cris et les larmes des sourris.

9. Bild.

non sibi mundo vivit bombix.

| Der Seidenwurm. |

Der Seidenwurm wird nicht beweint, sein Tod nützt noch der Welt: er webt für uns den Faden, und sich ein rühmlich Grab, doch stirbt ein Menschen Kind, so nützt der Welt sein Tod, weil er nicht mehr kan schaden. (Vgl. 1786. I, S. 186.)

10. Bild.

Nullum sine remedio malum

| Ein-brennendes Hauß. |

Mein Hauß brennt leider ach! nun muß ich mich erhenken. Mensch lern im Glücke klug, und groß im Unglück denken. im Walde wächst noch Holz: dir bleibt noch Axt und Stein. wenn gleich das Schicksal tobt, must du nie zaghaft seyn. Der Schmerz ist wol erlaubt, doch kein zu reichlich klagen: kein Übel ist so schwer das Fleiß und Witz nicht tragen, und was der Christ nicht weiß, kan ihm der Weise sagen.

11. Bild.

Le rossignol chante voici la raison pourquoi qu'il est pris pour chanter en prison. Voyons le moineau qui fait tant de domage, jouir de la vie, sans craindre la cage. voila un portrait, qui montre l'effet, du bonheur des fripons, du desastre des sages.

| Die Nachtigall im Käfig. |

(Vgl. 1786. II, S. 140—41; 1789. S. 133—34.)

12. Bild.

Veh mihi asino tiranni!

| Der gestürzte Esel. |

Wer niemals müde war, kan müde Esel schlagen. Wer nie gedarbet hat, kan Betlern Brod versagen. Wer Welt und Glück nicht kennt, der lebt für sich allein: und glaubt, wer leiden muß, der muß auch strafbar seyn. O Gott! wie mancher Mensch muß solche Esel tragen!

13. Bild.

timenti nocet apis

Ein Mädchen flieht vor einer Biene.

Wer die Hummel von sich schäucht
den wird sie am ersten stechen;
Wenn man seinem Feinde weicht,
darf man sich nicht an ihm rächen.

14. Bild.

nihil terret prudentem

Ein Mann unter einem Baume.

Mag das Wetter immer stürmen! dieser Baum kan mich beschirmen, hier erwart' ich beßre Zeit. Wenn die Schicksals Wetter schrecken, so soll mich mein Herz bedecken scheint*) die Hülfe noch so weit. wenn die Sonne wieder scheynt, o wie süß riecht dann die Erde. Wann das Auge nicht mehr weint, was ist Kummer, was Beschwerde: nur ein Traum der uns vergnügt, wenn der Kämpfer endlich siegt.

(Vgl. 1767. S. 181; 1786. II, S. 165; 1789. S. 162.)

Was nun die Trenckbibel anlangt, über welche zuerst „Die Gartenlaube. Illustrirtes Familienblatt. Herausg. Ernst Keil in Leipzig. 1865. Nr. 1. S. 6—7" Nachricht gegeben hat, und die von dem gegenwärtigen Eigenthümer aus dem Besitze des Leipziger

---

*) Dieses Wort ist verdrückt und mit Sicherheit nicht zu lesen.

Buchhändlers O. A. Schulz für 200 Thlr. angekauft worden ist, so besteht dieselbe aus einem am Schlusse sowohl als am Anfange defekten, von S. 7 des Alten Testamentes (1. Moses Cap. 7) bis zu S. 288 des Neuen Testamentes (Epistel Jacobi Cap. 5) reichenden Exemplare der von dem Hallischen Waisenhause herausgegebenen Bibel in gr. Okt. vom J. 1745, welche Trenck während seiner Gefangenschaft zu Magdeburg zu einer Art Tagebuch benutzt, und worin er theils historische Aufzeichnungen über die von ihm unternommenen Fluchtversuche, theils verschiedene andere Bemerkungen und Mittheilungen religiösen, philosophischen, politischen, satirischen Inhaltes in Prosa und Versen eigenhändig gemacht hat, worüber auf der letzten leeren Seite des Alten Testamentes von Trenck selbst ein 37 Nrr. starkes Register zusammengestellt worden ist. Diese Aufzeichnungen, die auf dem vom Drucke freigelassenen Raume an den äußeren Seiten und in der Mitte, sowie am unteren Rande der Bibel-Verscolumnen ihren Platz gefunden haben, rühren zum großen Theile aus der Zeit von c. 1759 her. Sie sind, wie Trenck selbst erzählt, mit seinem eigenen Blute geschrieben; denn da dem Gefangenen der Gebrauch von Tinte nicht gestattet war, so hatte sich derselbe, um eine Flüssigkeit zum Schreiben zu erhalten, genöthigt gesehen, zu dieser Flüssigkeit das eigene Blut zu verwenden. Der Erzählung nach stach sich Trenck in den Finger, und fing das Blut in einem Scherben auf, und war es dann geronnen, so wärmte er es wieder in der Hand, wobei er die fibrosen Theile entfernte. In der That hat eine in Leipzig angestellte chemische Untersuchung der Schrift in der Trenckbibel bestätigt, daß diese Schrift mit Blut, dem zuweilen etwas Ruß beigemischt gewesen, geschrieben ist. Die ersten Seiten der Bibel sind theils mit allerhand Versen, worin Trenck seine Leiden beklagt, theils mit einer ebenfalls in Versen eingekleideten Erzählung gefüllt, die „Der Melancholico-Cholericus in einer

Satyrischen Erzehlung von dem Geschicke des strengen Majors Paul Ripel von Mops" betitelt ist. (Alt. Test. S. 35 f.) Von diesem Major von Mops, der mit seinem rechten Namen von Mohr geheißen habe, erzählt Trenck, daß er ihn 1749 in Petersburg als Knutmeister gesehen: dort sei derselbe seiner ungeheuren Größe, Stärke und Grausamkeit wegen unter dem Namen Iwan Iwannowicz bekannt gewesen. Das, wenn auch nicht seinem Umfange nach, jedenfalls aber seines besonderen Interesses wegen hauptsächlichste Stück des ganzen Trenck'schen Tagebuches folgt Alt. Test. S. 55 f., nämlich „Warhaffte, auf Gewissen, Ehre, und Beweiß gegründete Erzehlung von dem Zusammenhange meiner zur Entweichung aus Magdeburg vorgehabten Anschläge", die, mit einigen Zwischenräumen, welche Trenck bereits früher beschrieben hatte — z. B. springt die Erzählung von S. 310 gleich bis auf S. 365, Trenck bemerkt S. 310 selbst „Die Fortsetzung dieser relation stehet pagina 365, weil der Zwischen Raum schon beschrieben war" — bis S. 434 reicht. Diese Erzählung stimmt mit den von Trenck später in seiner Selbstbiographie gemachten Angaben nicht überall überein, was wohl darin seinen Grund haben mag, daß Trenck den in der Bibel aufgezeichneten Bericht in der Gefangenschaft unter strenger Aufsicht, also unter Verhältnissen niedergeschrieben hat, wo er Vieles offen nicht sagen durfte, Manches nur andeuten konnte und Anderes sogar verschweigen mußte, wogegen in der von Trenck in voller Freiheit verfaßten Selbstbiographie Alles unverhohlen zu sagen erlaubt war. Ich und mit mir mehre Andere haben die Erzählung für interessant genug gehalten, daß es sich der Mühe wohl lohne, dieselbe wortgetreu, wie es weiter unten geschehen ist, abdrucken zu lassen. Auf die Erzählung folgen sodann Alt. Test. S. 435—86 zwei der Form nach zwar von einander verschiedene, aber dem Inhalte nach mit einander verwandte Stücke in Versen, wovon das eine,

„Der entlarvte Held" betitelt, auf den unteren Rändern der Bibel, das andere auf den äußeren Seiten und in der Mitte der Verscolumnen geschrieben ist. Das letztere Stück führt die Ueberschrift: „Erzehlung Knert und Cartousch", wozu Eingangs bemerkt ist: „Man lese die in meiner alten Bibel eingeschriebene Erzehlung von meinem Schicksal; und setze sodann anstatt Knert, meinen Namen, und statt Cartouch, den Meyrentz, so hat man den Schlüssel." Die Erzählung schließt mit den Worten: „Fragt Ihr, wo ist der Knert? Wo lebt ein solcher Knecht? So leset was er schreybt! und sorget vor sein Recht! Finis. Sapienti sat." Das Stück von dem entlarvten Helden endigt mit folgendem „Epytaphium. Hier liegt Cartousch der Held! mit seinem Helden Geist! der nach der Helden Recht, ein Alexander heißt. Macht eitre Augen auf, Ihr die ihr gerne sieget! Seht diesen Schellmen an, der auf dem Rabe lieget! fragt wie er hier gelebt! erforscht was Er gethan! dann seht euch mit Vernunft, in Seinem Spiegel an! so werdet ihr den Geist, der in euch steckt, entdecken! und vor Eur eigen Bild, wie vor Cartousch erschrecken! Requiescat in pace, ne vivus noceat Heros!" Hieran schließen sich ferner Alt. Test. S. 489—561 allerhand versificirte moralische Fabeln und Erzählungen, Sonnette, Arien, Lieder, zum Theile in Französischer Sprache. Alt. Test. S. 562—80 und S. 659—67 sind leer geblieben. Das dem Umfange nach allergrößte Stück findet sich Alt. Test. S. 668—1079 und Neues Test. S. 111—288 unter dem Titel „Gedanken über die mögliche Mittel zu gänzlicher Veränderung, der so genannten Politic, oder Staats-Klugheitsgrundsätze und dem daraus folgenden, ewigen, und sicher ohne Unterbrechung zu erhaltenden Frieden der ganzen Chrystenheit." Diesem Aufsatze, in welchem sich Alt. Test. S. 695 Trenck mit seinem wahren Namen nennt — während er sich an anderen Stellen seines Tagebuches in der Regel mit dem Namen „Knert" bezeichnet — ist eine Eintheilung in sechs Kapitel gegeben worden. Trenck schreibt: „Ein Buch, welches der Welt etwas neues vor die Augen legen, und die, durch so vielle Tausend Jahre eingewurzelte Vorurtheylle Menschlicher Begriffe widerlegen soll, muß auf festen Pfeyllern gegründet seyn, um nicht im ersten Anblick lächerlich zu scheynen, und just das Gegentheyl, gesuchter Wirckung zu erwecken. Um desto deutlicher, folglich auch wettläufftiger, muß der Vortrag geschehen. Da ich nun die Mittel vorschlagen will, durch welche unsere ganze Chrystenheit in einen ruhigen Frieden zu setzen, auch unverbrüchlich auf ewig sicher zu erhalten wäre, so müssen zuvor notwendig die Ursachen der Hindernisse genau angezeiget werden, welche dem Wercke selbst entgegen sind. Ist dieses geschehen, daß ich die Irthümer, betrogener Meynungen mit recht natürlichen Farben gemalet, und der Einsicht Kluger Geister, in ihrer wircklichen, nicht scheynbaren Beschaffenheit, vorgeleget habe, so ist der Grund zu meinem Gebäude geleget, und dann soll Steine, und Kalck Folgen, die zu völliger Auffführung erforderlich sind. Ich theylle zu dem Ende mein Werck, in folgende Capitel ein, die ich vorläuffig abhandeln muß weil die Folgen daraus fliessen, die meinen Zweck befördern. Cap. I. Von denen Temperamenten der Menschen, derselben Eigenschafften, Verschiedenheit, ausserlichen Kennzeichen, etc. etc. Item von der Sympatie, ansypatie, und der so genanten Bluts Verwandschafft. Cap: II. Von der Seelen, oder denen Sinnlichen Wirckungen der denckenden Kräffte. Cap III. Von der Liebe und Menschen Liebe als der Ursach warum wir sind. Cap: IV. Von denen Hindernissen der Menschlichen Pflichten: dem Geitz, Ehr-Herschsucht und Helden,-Mut. auch denen Mitteln sich selbst kennen zu lernen. Cap: V. Von der Stats-Klugheit, oder politic, und denen traurigen Folgen und vergeblichen Bemühungen, des so hoch bestrebten Gleichgewichts in Europa. Cap: VI. Von Dem schädlichen Vorrecht der Erstgeburt. item Nutzen, und Nachtheyl der Souverainitaet, Aristocratica und Democratien. Sodann folget der Vorschlag zu denen Mitteln ein neues Stats Systhem, und durch dasselbe einen ewig, unverbrüchlichen Frieden in Europa festzusetzen, und aus Bestien, Menschen zu machen." Leider ist in der Trenckbibel, weil sie am Schlusse defekt geworden, nicht der vollständige Aufsatz erhalten geblieben: die Bibel enthält den Aufsatz nur bis nahe an das Ende des II. Kapitels. Den nicht von dem Aufsatze in Beschlag genommenen Raum des Neuen Testamentes S. 3—110 füllen Trost-, Morgen-, Trauer-, Todes- und andere geistliche Lieder, welche mit folgendem Verse schließen: „Drumb Mensch, wenn dich das Unrecht qwälet! weil du in Menschen Klauen bist. Wenn dir Gedult in Schwermut fehlet. ich rathe dir, denck wie ein Chryst. So bist du starck, groß, glücklich, klug, und hast an Jesu Trost genug! Felix quem decipit Paulus!"

Nachschrift.

Nach einer erst jüngst mir zugekommenen Nachricht ist noch eine andere Bibel aufgefunden worden, die Trenck, nachdem das vorstehend beschriebene Exemplar zu handschriftlichen Mittheilungen so ziemlich verbraucht worden war, ebenfalls zu Aufzeichnungen mittels seines eigenen Blutes im Magdeburger Gefängniß benutzt hat. Diese theilweise mit sauber ausgeführten Sinnbildern begleiteten Aufzeichnungen bestehen dem am Schlusse der Bibel von Trenck selbst eingetragenen Register zufolge aus nachstehend genannten Stücken: I. Dedication meiner Schriften (1); II. Vorrede (4); III. Französischer Brief an Ihro Königliche Hoheit die Prinzessin Amalia (9); IV. Teutsch an eben Hoch Dieselbe (18); V. Französ. Brief an Ihro Majestät den König (23); VI. Teutsches Memorial an Ihro Majestät (26); VII. Lateinische Anrede an den Leser (40); VIII. Französischer Brief an Ihro Durchlaucht unsern hiesigen Gouverneur (32); IX. Damon an alle edle Schäfferinnen (43); X. Der gefangene Damon an Doris (46); XI. Fabel u. Erzehlung Der Esel bei der Hirschjagd; XII. Das Bauern Mädchen und der Teufel (387); XIII. Neu-Jahrs-Wunsch an Ihro Durchlaucht unsern gnädigsten Gouverneur (50); XIV. Phylosophische Gedanken an neuen Jahre (59); XV. Glückwunsch zum Neuen Jahr an den Herren Obrist-Lieutnant von Bruckhausen (76); XVI. Neujahrswunsch an Ihro Königl. Hoheit die Prinzessin Amalie (87); XVII. Vorrede zu dessen dabei folgenden fünf Hundert Sinn Bildern, mit ihren Lateinisch Teutsch und Französischen inscriptionen (177); XVIII. Physische Anmerkung über die Ursache der Schwermuth (396); XIX. Satyrische Erzählung von dem Geschicke der Frau Justitia (93); XX Fabel: Der Bauer und der Fincke (129); XXI. Das Unvermögen, eine Elegie (173); XXII. Betrachtung über die Liebe, eine Abhandlung in prosa (137); XXIII. Das römische Orakel, Eine Erzählung (134); XXIV. Brief an Ihro Durchlaucht den Landgraf von Hessen-Cassel (333); XXV. Glückwünschungs-Rede zu dem Antritt Hochderoselben Regierung (337); XXVI. Der unglückliche Damon an seine Doris (167); XXVII. Antwort oder Echo der Doris (167); XXVIII. Physische Anmerkung über die Wirkung des clymatis oder der Lage der Länder in den menschlichen Temperamenten (389); XXIX. Von denen Ursachen der Kriege und Mitteln ganz Europa in einen ewigen Frieden zu setzen, durch welchen alle gewinnen u. niemand etwas verlieren würde. Eine Abhandlung (351); XXX. Brief an den Herrn Obrist-Lieutenant u. Commandanten in Magdeburg (315); XXXI. Französisches Bitt-Schreyben an Ihro Königl. Hoheit die Prinzeßin Amalia (321); XXXII. Teutsch an eben Hochdieselben (328); XXXIII. Dedication dieser Bibel an eben Ihro Königl. Hoheit auf dem ersten Blatte dieses Buches. — Für diese Bibel fordert der gegenwärtige Besitzer, der Buchhändler O. A. Schulz in Leipzig, 400 Thlr.

* Warhaffte, auf Gewissen, Ehre, und Beweiß gegründete Erzehlung von dem Zusammenhange meiner zur Entweichung aus Magdeburg vorgehabten Anschläge.

---

* Daß die Not die alleräusserste Gränzen der Möglichkeit durchsuche, und die Kunst Griffe, oder so genannte Entrigues dasjenige Mittel wider Gewalt sind; Geduld aber in sich selbst, und eine unangenehme Notwendigkeit unglücklicher Menschen sey; ist eine in kluger, und recht denckenden Welt bekannte Gewißheit. Daß man aber aus der Warscheinligkeit einer Sache, nicht eine Wirkligkeit festsetzen; folglich * ohnuntersuchte Verbrechen ohne Verletzung der Billigkeit nicht bestrafen könne, noch solle gehöret in die Eigenschafften der Menschenliebe. Wie viel tausend rechtschaffene Männer sind als unschuldige Schlacht Opfer aufgebrachter Vorurtheylle traurig zu Grunde gegangen, die man zu spät bedauert, wenn man ihr Recht erkennet, und nicht mehr kann empfinden lassen, weil * sie entweder weniger Leibes, oder Gemüts Kräffte besassen, das Ungemach so wie ich zu ertragen. Können nicht der untadelhaftesten Unschuld die gröbste Laster beygemessen werden; wenn man gezwungen schweigen muß, und sich gegen Feynde nicht verantworten kann, die entweder aus böser angeborner Neigung zu schaden, oder aus Feyndseligkeit nur Öhl ins Feuer * zu giessen bemühen, -oder aus Mangel der Erkentnis der Person, und Sache selbst, auch wol gar aus unzeitigen Dienst

1

Eyfer, oder Eigennutz, oder unüberlegter Einfalt, und vom bloßen
Hören sagen, einen bedrängten Mann tausendmal schwärzer mahlen,
60 als er ist. * Ich will mich nicht rechtfertigen, noch weniger eine
Schutz Schrift schreyben, die ich auf diesen Blättern nicht anbringen
darf, sondern die ungeschminckte reine Erzehlung meiner Hand=
lungen wird vielleicht das Herz, und Auge öfnen, welches durch
irrige Begriffe von meiner person, und Gemüts Art eingenommen,
61 und vielleicht durch Verläumbung umb*nebelt gewesen ist, folglich
mir vielleicht die Bahn brechen, auf der ich zur Gnade eines
großmütigen Monarchen fliehen, und mein Recht erbitten darf.
Ich breche demnach ab, wo ich gerne mehr berühren wollte; be=
ziehe mich auf die in meiner alten Bibel eingetragene relation
meines Geschickes; und fange hier an, wo ich dort aufgehöret
62 habe. * Wie folget:

Anno 1754. b. 28! July ward ich nach Magdeburg als
Arestant gebracht, und auf der Citadelle in das vor mich be=
sonders bereitete Gefängnis verschlossen. Der erste Anblick meines
Behältnisses war mir wircklich schreckhafft, weil ich mir keine Un=
63 gnade mehr * von Ihro Mayestet dem Könige vermutete, welche
meiner Flucht aus Glatz halber, durch viel intercessiones sowol,
als meine eigene Bemühungen, und großerlittene Strafen, auch
Widerwärtigkeitten, längstens besänfftiget waren. Da nun bey
meiner Ankunfft J: E: der Herr General von Borck gegen=
64 wärtig erschienen, so war meine erste Bitte die ich vorbrachte * um
Verhör und Untersuchung meiner Sache, und Umstände; welches
doch sonst dem gröbsten Missethäter, dessen Verbrechen thätlich,
und sichtbar ist, nicht verfaget wird; Allein ich bekam eine so
harte Antwort, die mir nicht nur alle Hofnung dazu benahm,
sondern zugleich überzeugete daß Ihro Mayestaet zum höchsten
65 Grade der Ungnade gegen mich müsten aufgebracht * seyn; Die
harte, und niederträchtige Begegnungen die auch sogleich gegen

mich ins Werck gesetzet wurden, fielen mir auch anfangs unerträglich, welches sich niemand so vorstellen kann, als der mich kurz zuvor in dem größten Wolstande von der großen und klugen Welt hochgeschätzet, und geliebet gesehen, auch' meine Denckungs Art, und die unschuldige Ursachen meines harten Verhängnißes kennet. Zum Willkomm wurden mir nun gleich meine Kleyder ausgezogen, und die goldene Borten *heruntergeschnitten, wovor 66 ich drey Monathe lang täglich fünf Groschen zu meinem Unterhalt empfing und ohnerachtet ich bewegligst bat eine Untersuchung anzustellen, wohin meine bey der Danziger arrestirung ausgeplünderte, und in die 10000 Fl. betragende Barschafft und effecten gerathen wären so war doch auch so gar hierinnen kein Gehör zu erlangen. Man vertröstete mich auf die An*kunft des 67 eben abwesenden Gouverneurs von Bonin. Ich erwartete dieselbe gelassen, und hatte d. 1! October die Ehre Denselben in meinem Gefängnis zu sprechen. Meine Bitte um ein unpartheyisch Verhör, ward von neuem wiederholt, damit ich Gelegenheit hätte Ihro Mayestaet das Gegentheyl der mir vielleicht aufgebürdeten Beschuldigung zu überzeugen. *Allein, die Antwort war nicht 68 nur hart, sondern benahm mir zugleich alle Hofnung und Trost, weil ich ein verruchter, treuloser Missethäter genennet wurde, der kein ander Recht, als zur höchsten Gnade ein ewiges Gefängnis zu erwarten hätte. Man machte auch gleich neue, wiewol unnütze Bevestigungen an meinem Kerker, und ich hörete draussen vor meinem Fenster *folgende Worte, die Er gegen dem Hr. Platz 69 Major sprach: „Aus diesem Loche soll er uns nicht echappiren, und wenn er wircklich ein Bindnis mit dem Teyfel hätte, denn es ist auch ohne andere Bewachung impenetrabel." Hieran merckte ich worauf es angesehen war, wunderte mich aber nicht wenig über die unüberlegte praecautiones, weil ich nie ein Gefängnis gesehen, aus welchem *leichter zu entfliehen, als eben 70

das meinige war. Ohneractet mir nun durch diese vermeinte Gegen Anstalten mein Ehrgeitz gerühret schien, das Gegentheyl wircklich zu zeigen; mich auch dazu berechtigt glaubte, weil man sich nicht auf meine parole, und Unterwerffung, sondern nur allein auf die dicke Mauern, und häuffige Schlösser an wiewol
71 sehr schwachen Thüren verließ. *folglich auch die strengeste Gedulb, und demütigste Gelassenheit, als eine erzwungene Notwendigkeit ansehen, keinesweges aber als Folgen einer edeln Denckungs-Art, zu meinem Vortheyl auslegen wirde. So war ich dennoch bey mir fest entschlossen Ein ganzes Jahr verfliessen zu lassen, um eine Abänderung meines Geschickes durch die intercession meiner
72 hiesigen †) *und Freunde, oder meiner Souverainin in Deren Diensten ich zu stehen die Ehre habe, zu erwarten, welches letztere ich aber wegen des mir bekandten schon heimlich lobernden Krieges schwerlich vermuten, vielmehr als eine Vergrösserung meines Unglücks befürchten konnte. Allein, mein Vorsatz ward unterbrochen, und zwar aus folgenden Ursachen.
73   *Ich war ein Mann von ausserordentlich starcker natur, welcher wenigstens so viel, als brey andre gesunde Menschen zu Essen haben muste, wie ich denn auch hier noch erweisen kann, daß mich ein Commiss Brod von 6. Pfund kaum einen Tag notdürftig sätigte. d. 4! October aber ward mir meine bis dahin gehabte elende Verpflechung von 5 *gn*: so gar auf zwei groschen herunter gesetzt, und vergeringert. Da ich nun bey der ersten
74 Kost kaum *Notdürfftig die Wut des hungrigen Magens stillen konnte; so überlasse ichs der Überlegung gerechter Leser, was ich bey der letzteren ausstehen muste. Der Hunger brachte mich auch so gar zu dem Entschluß die Wachthabende Herren Officiers mit nassen Augen um Brod zu betteln; Wie aber bey dieser extremitaet

---

†) Verwischt und unleserlich.

einem Manne von ehrliebender Gesinnung, bey meinem in der
Welt besitzenden * Vermögen, und caracter zu Mute gewesen, ist 75
leicht zu erachten. Einige nun davon waren barmherzig, andere
aber verspotteten mich; Ich hatte doch aber dabey den Trost mich
dann, und wann satt an dürrem Brodte zu fressen. Weil nun
auf täglich widerholtes bewegliches Bitten mir zu meiner Not=
durfft, nur damit ich nicht von Hunger zu Grunde gerichtet würde,
* und mein Schicksal abwarten könnte, von meinen eigenen Mitteln 76
hinlänglichen Lebens-Unterhalt zu gestatten, so fand ich doch nicht
nur kein Gehör, sondern man gab mir zur Antwort ich sollte
mein Leben nicht zu verlängern suchen, sondern Gott nur um
das Ende bitten, weil ich in dieser Welt nichts mehr zu hoffen
hätte. Traurige Botschafft vor einen unglücklichen! * Ich 77
sahe mich also gezwungen mir zu helfen so gut ich konnte, und
meine intrigues nahmen den Anfang, wiewol noch nicht zur
Flucht, sondern nur zur correspondenz, damit ich erführe, was
ich zu hoffen hätte, und sodann die Pflichten der Eigenliebe er=
füllen könnte. Ich redete also d. 20! October meine Schild=
wacht, Namens Faust, einen Grenadier beweglichst an, * mir 78
einen Brief an meine Schwester, welche im Brandenburgischen
auf ihren Gütern lebte, zu bestellen, Nachdem ich demselben nun
zuvor versichern muste, daß ich nichts anders darinnen schreyben,
als verlangen würde, daß meine Schwester nach Berlin reysen
und bey Ihro Mayst. dem Könige eine Untersuchung meiner Sache,
mit der Erlaubnis mir zu meiner Notburft Geld zu schicken aus=
wircken, Ihm — Grenadier auch das billiet offen behändigen
sollte, damit er lesen könne daß nichts anders darinnen ge*schrieben 79
wäre, so übernahm er auch noch an eben dem Tage die Aus=
führung meines Willens wovor ich Ihm 30. ducaten zu seiner
Belohnung assignirte, und setzte sie wircklich in das Werck mit
heiligen Versprechen mir eine Antwort zu bringen. Allein dieses

hielt er nicht; denn so bald er Geld in Händen hatte, fing er an zu Sauffen, und machte es so grob, daß ich nicht von ihm
80 *selbst, sondern von seinen Cameraden erfuhr, daß Faust von meiner Schwester Geld empfangen hätte. Er ward auch bald von einem derselben verrathen, dessen Beyhülffe er sich in Bestellung meines Briefes bedienet hatte, und dem er folgends nicht so viel Geld mittheyllen wollte, als er verlangete. Beyde wurden
81 hierauf arrestiret; Faust sodann mit dreyssig, der andre * aber mit 24. mahligen Gassen Lauffen, und dreyjährigen Karren Arbeit bestrafet. Ob aber vor das Verbrechen dieses Menschen die Strafe nicht zu hart sey, der nur aus Mittleyden, damit ich nicht Hungers sterben dörffte ein billet bestellet, worinnen nichts wider die Pflichten der Treue gegen seinen König geschrieben stand, auch sonsten kein Wort von andern Dingen mit mir gesprochen
82 hatte, beruhet auf dem Gewissen * Derer, welche ihn dazu verurtheyllet haben. Mir selbst aber ist weder sein Unglück zu inculpiren vielweniger (wie beydes geschehen) das Verbrechen vorzurücken, daß ich die Soldaten des Königes zu debouchiren gesuchet hätte. Mein unsträfliches an meine Schwester geschriebenes billet welches man in original hier gehabt, hat auch das mehrere
83 bekräfftiget, * Dennoch aber war dieser Faust nicht nur das Opfer davon, sondern er war wirklich die Ursache zu meinem gänzlichen Verderben. Indem bey der im Junio 1755. erfolgenden Revue der Herr General von Borck durch einen einseytig von
84 der Sache erstatteten Bericht * mir die totale Ungnade des Monarchen zugezogen, und die fürchterliche Mißhandlung in Ketten auch dieses Gefängnis erbeten hat. So viel ich zuverlässig erfahren habe, auch warscheinlich vermuten kann, ist die Haupt Ursache dazu gewesen, der Tod des Hr: Gouverneurs v: Bonin
85 *und weil der Titl: Herr General von Borck indessen das Commando gehabt, im vorigen Jahre aber in die Ungnade

Ihro Mayestaet verfallen war; so wolte Derselbe die erste Probe Seiner accuratesse und Diensteifers ablegen, und hat zu dem Ende dem Könige gesagt; der Trenck mache ihm auf der Citadelle so viel * Verdrießlichkeit, und Obsorge mit allerhand Anschlägen 86 zur Flucht, und Verführung der Soldaten, daß also notwendiger Weise das strenge Urtheyl gegen mich erfolgen mußte: Welches aber nicht geschehen wäre, wenn man die reine Warheit gemeldet hätte, daß nehmlich der Trenck um nicht Hungers zu sterben *an Seine Schwester geschrieben, um vor ihn zu intercediren; 87 und deßhalb, weil man ihm kein Gehör gegeben sich der Hülffe einer seiner Schildwachten bedienen müssen. Daß ich aber Anschläge zu entfliehen schmiedete, hat man damals mit Ungrund vorgebracht; weil alles was ich auf der Citadelle * gearbeitet, 88 und unternehmen wollen, völlig unbekant geblieben, und nicht durch Wachsamkeit oder Klugheit entdecket, sondern von mir selbst allererst da ich einige Wochen bereits im Sterne gesessen, freywillig angezeiget, und dann erst mit vieller Bewunderung gefunden worden. Wovon man sich aber * gegenwärtig die Warheit zu 89 sagen schämet. Der allgemeine Ruf in Magdeburg, daß der Trenck in den Stern gebracht sey, weil er von der Citadelle echappiren wollen, ist also ungegründet, welches ich noch gegenwärtig wiewol zu spät vor mich, zu beweisen erbötig bin. Um aber in der connection meiner wircklich vorgehabten Anschläge zu bleiben, so kehre ich wieder zur vorigen Erzehlung zurück, und melde folgendes.

*Nachdem die Sache mit dem Grenadier Faust entdecket 90 war, verdoppelte sich die Wut gegen mich, indem man mir nicht nur vom 1! December an, noch weniger zu essen gab, sondern so gar denen Wachthabenden Capitains auf das schärffste untersagte, mir keinen Bissen Brod zu schencken. Ich bath also mir anstatt des wenigen warmen Essens so man mir reichte, nichts

91 als commiss Brod, oder gar nur Hunde Schrott zu * geben,
damit ich wenigstens den Magen füllen könnte, allein auch dieses
blieb unerhört. Wie grausam mich also der Hunger gefoltert
habe, ist Gott allein bekannt, so viel aber muß ich hier berühren
daß ich, wenn mich die bittere Sehnsucht nach Futter im Traume
marterte, und stündlich weckte, mir wachend nur wünschte den
Magen mit Träbern der Schweine zu füllen; und dieses Elend
92 dauerte nicht einige Tage * sondern acht Monate lang; war auch
warhafftig der Haupt Grund meiner Unternehmungen, wozu mich
die Natur nötigte, die Eigenliebe berechtigte und der wütende
Magen stündlich aufmunterte. Diejenigen nun, welche meine Un=
gebuld tadeln, mögen untersuchen, ob in solchen Umständen die
Gebuld nicht ein Unding oder non ens sey wo ich warscheinlich
nicht vermuten konnte daß mein Leib so viel überdauern würde,
93 als wircklich * geschehen ist. Überdem bitte ich einen großmütigen
Leser, sich einen Augenblick denckend in meine Stelle zu setzen,
und zu beurtheyllen; Was ein Man meiner Gattung, welcher
Seine ganze Lebens Zeit mit strengen Fleiß zugebracht, niemals
müssig gewesen, und täglich mit offenen Kopffe klüger zu werden
bemühet hat, vornehmen solle seine Stunden hinzubringen, und
schwermütige Gedancken auszuschlagen, welchem kein Buch, keine
Feder, kein Licht, Music, noch einiger Zeitvertreib gestattet wird.
94 *Man erwege zugleich mit nicht fühllosen Menschen Herzen, wie
grausam mich die ausserordentlich verächtliche Begegnungs Art
müsse geqwälet haben, da ich gewöhnet war von allen die mich
in der Welt kenneten, geliebet, und hochgeschätzet zu werden, auch,
den Trieb Ehre zu erwerben, sauer, und blutig in allen meinen
Handlungen erwiesen hatte. Wie empfindlich es aber falle, wenn
man sich mit reinem Gewissen, und ohne inneren Vorwurf straf=
95 barer Handlungen, als den * ruchlosesten Übelthäter mißhandeln,
auch alle wahrscheinliche Hofnung sein Recht zu erlangen verloren

siehet; erkennet nur der, welchem meine Umstände, unschuldiges
Leyden, und harte Unglücks Fälle nicht von Hören Sagen, sondern
gründlich, und warhafftig bekannt sind. Überdem ist leicht zu
schliessen, wie schwer es falle Sein Vermögen, Freunde, Caracter,
Hofnung, und Glück zu verlieren, und noch dazu * bey Reichthum, 96
so erbärmlich Hunger zu leyden. Zum äussersten Unglück vor
mich, war ich noch dazu verliebt und mit der einigen Tochter
des Ungrischen Judicis Curiae Graf Ellerchhazy wircklich ver-
sprochen. Was aber diese Leydenschaft im Gefängnis vor Wirckungen habe, mag ein grosmütiger Leser erkennen, um über mein
Leyden gerühret zu werden, meine Unternehmungen zu rechtfertigen,
und mein * fürchterliches Verhängnis zu beklagen. Ich selbst aber 97
fassete den 1! December den Entschluß meine Freyheit eigen-
mächtig zu suchen. Mein erster Anschlag ging also dahin die an
beyden Thüren sehr einfältig und unvorsichtig bevestigte Krampen,
oder Riegel von inwendig auszuschneiden, und, weil in eben dem
Gange der zu meinem Gefängnis führete, der Feuerwercker und
Marquetenter Namens Lehmann wohnete * wo ein beständiger 98
Ein- und Auslauf von Leuten war, folglich meine Schildwacht,
die nicht bey meiner Thüre, sondern draussen stand; im dunckeln
ohnmöglich darauf acht haben konte, mich des Vortheylles zu bedienen, und hinaus zu schleichen. Hiezu nun brauchte ich ein
Messer, und von meinen Schildwachten einen genauen Unterricht,
wie man aus der Citadelle ferner echappiren könne; welches
letztere ich auch in wenig * Tagen im discours erfuhr, und sowol 99
im Winter auf der gefrornen Elbe, als im Sommer, weil ich
schwimmen kann vollkommen möglich erkannte. Ich hatte auch
zu anderweitigen Beystande alle gute Hofnung auch bereits einen
Grenadier auf meiner Seyten, weil aber ein Frantzose Nahmens
Tourbo mich angab wie ich nehmlich wieder Ordre, mit meinen
Schildwachten heimliche Gespräche hielte; so wurden die Wachten

100 verändert * und besondre Grenadiere von der Hauptwacht auf meinen posten detachiret. Welches mich anfänglich sehr bekümmerte, aber in wenig Tagen desto mehr erfreuete, da ich eben nach abgelößter Wacht folgende Worte vor meinem Fenster sprechen hörete. Ich wollte lieber des Trenck's Hunde Junge seyn, als mich hier Schuriegeln lassen. Ich ließ mich hierauf gleich in Unterredung mit ihm ein; und fand einen witzigen,
101 herzhafften, und weil er * just auf der Wacht parade Schläge bekommen, aufgebrachten, folglich zu meinem Vorhaben gewünschten Mann. Er erboth sich auch sogleich, wenn er wieder zu mir auf die Wacht käme, welches längstens in 14 Tagen geschehen müste selbst meine Freyheit ins Werck zu setzen, wenn ich nur aus
102 meinem Kercker hinaus, und ihm so viel Geld geben * könnte, indessen einen Kahn anzuschaffen, den er vor unumgänglich notwendig erachtete. Weil nun der ganze Überrest von meinen in Danzig ausgeplünderten effecten noch in einem Ringe bestand, welcher mir gegen 3000 fl. gekostet hatte, so muste ich mich ent-
103 schliessen Ihm denselben hinaus zu geben, nebst * einem billet an einen Freund in Leipzig, wohin er ihn durch Seine Frau schicken, und 1000 fl. darauf empfangen sollte. Er nahm ihn auch mit heyligster Versicherung sein Wort zu halten, an. ließ mich aber vergebens darauf warten, und kam gar nicht wieder. Ich habe aber diese Begebenheit hier umständlich berühret, weil dieser Mensch, Namens Schütze sich allererst 18. Monate nachher d.
104 3! Julij 1755. im Sterne selbst erhieng, * da ich hier mit andern Grenadiers vom Borck'schen Regiment Anschläge zur Flucht geschmidet, und bey geschehener Entdeckung eine genaue inquisition angestellet wurde. Weil er nun inzwischen mit dem aus meinem Ringe gelößten Gelde etwas sichtbar mag gewirtschafftet haben, folglich einen Verdacht befürchtete so hatte er sich mit Seinem Haarbande hier unter der Brücken erdrosselt; wovon ich besser

unten, die Wunderliche * Göttliche Fügung genauer erzehlen werde. 105
Ich hatte also vor meinen Ring keinen andern Vortheyl, als
daß er mir ein kleines Messer zugesteckt, dessen ich mich bedienen
wollte, meinen Anschlag weil er ausblieb, allein, und ohne Hülffe
in das Werck zu setzen. Allein ein neuer Zufall, der mir vor=
theylhafft schien, verursachte einen Verschub in meinem Vorhaben,
und endlich die totale Hinderung. * Man hatte mich nehmlich an 106
meinem Fenster stehen gesehen, und auf Befragen, wie ich so hoch
auffsteigen konnte gab ich zur Antwort, wie ich mich meiner Bett=
stelle, oder Leib-Stuhls dazu bediene. Hierauf wurden beyde
mit starcken, und just zum Mauerbrechen geschickten Eysen an den
Boden befestiget und zwar nicht mit Nägeln, sondern höchst un=
vorsichtig, mit Schrauben; die ich eben so gut los, und wieder
fest * schrauben konte, als der Schlosser; folglich gab man mir selbst 107
das Gewehr in die Hand. Da nun auf allerhand Art Anstalten
gemacht wurden, meinen Kercker vollkommen undurchdringlich zu
machen, so gerieth der Herr General v: Borck auf den Ge=
dancken, daß der neben mir wohnende Feuerwercker Namens
Jahnsen ausziehen muste, und beging die Unvorsichtigkeit, daß
diese Wohnung ledig stehen blieb, * Wodurch just das Gegentheyl 108
Seines Vorhabens in das Werck gesetzet wurde; denn, wenn ich
die zwischen meinem Behältnis und dieser Wohnung befindliche
Mauer durchbrach, so konte ich ohngehindert hingehen wohin ich
wollte, welches nicht geschehen können, wenn die Einwohner
darinnen geblieben, oder noch sicherer wenn ein anderer Arrestant
hinein gesetzet wäre. Weil ich nun meinen ersten Vorsatz die
Thüren * zu durchschneiden, einstellen muste, indem die Schild= 109
wachten im Winter nicht draussen, sondern inwendig im Gange
postiret stunden; so fassete ich den Entschluß diese Wand zu
durchbrechen. Ich erwehlte also den Platz dazu hinter dem Ofen,
unter dem festgenagelten Leib Stuhl, wo ich vor alles visitiren

sicher war, brach daselbst den nur mit einfachen Ziegeln ge-
110 pflasterten boden auf, wo ich sogleich unten * schwarze Erde fand,
und fing meine Arbeit an, doch nicht oben, wo man das Loch
hätte sehen können, sondern ich grub zuerst 4 Fuß tief in die
Erde hinunter und sodann durchbrach ich die Mauer unten im
111 fundament. Ich fand aber mehr Arbeit als ich mir * vermutet
hatte; denn es war der Schwiebogen der Casematte, und folglich
sieben Fuß dick. überdem waren die Steine fast leichter zu zerbrechen, als der alte Kalck, wozu ich allerhand mechanisch Vortheylhaffte machinen inventirte von meinen Brettern in der Bettstelle, die auch fast alle zersplittert, und zerbrochen wurden; da
ich aber ohngefehr 3. Fuß tief hinein kam, traf ich auf einen so
112 grossen Stein, der just die Helffte * meines Loches einnahm, und
seitwerts wol noch so tief steckte, daß ich alle Hofnung meinen
Zweck zu erreichen verlohr, weil meine instrumenten zu schwach
waren ihn zu sprengen. Ich machte also alles wieder zu, und
studirete auf neue Anschläge; worauf mir dieser am thunlichsten
vorkam die Mauer bey den Füssen meines Bettes, die nur zwey
113 Fuß dick war zu durchbrechen. * wodurch ich in das Vorgemach
meines Gefängnisses kommen, und sodann die letzte Thüre, die
sehr nachläßig bevestigt war auf obgemeldete Art aufschneiden
konnte. Diese Arbeit ging auch so glücklich von statten, daß ich
das ganze Loch in einem Tage fertig machte, welches sich in der
neu errichteten Mauer leichtlich thun ließ. Ich stieß aber die
auswendige Ziegel nicht aus, damit man von aussen nichts kennen
114 * möchte. Von innen aber wuste ich es so gut, und künstlich
wieder zuzumachen, daß alles genauen visitirens ohnerachtet, auch
so gar kein Maurer den Ort entdecket hat, ob gleich das Loch
nicht unten im fundament sondern oben, in die sichtbar in die
Augen fallende Wand gebrochen war. Weil ich aber noch beständig auf dieser Seiten wegen der im Winter, inwendig stehenden

Schildwacht, Hinderniffe fand * auch in Ausführung meines Vor= 115
habens vollkomen vorfichtig, und ficher gehen wollte. So ver=
fchob ich den wircklichen Ausbruch. Machte mich aber indeffen
wieder an meine erfte Arbeit, unter dem Schwibogen wofelbft
ich lieber durchwolte, und auch neue Hofnung dazu hatte, weil
ich in dem letzten Loche eine dicke 2½ Fuß lange eiferne Stange
eingemauert fand, und heraus arbeitete, die mir zum ferneren
Brechen * gute Dienfte that. Meine Arbeit ging alfo wider 116
dafelbft an. Ich brachte den groffen Stein glücklich heraus, und
avancirte bis d. 20! Merz wircklich auf 6. Fuß tief, folglich auf
die letzte Schicht. Da ich nun hier neuerdings einen fehr groffen
Stein ausbrach, fiel mir derfelbe fo unglücklich auf die Rechte
Hand, daß ich Sie nicht zurück ziehen konnte, und weil ich in
dem engen Loche, juft auf der lincken Seytten lag, folglich mir
*mit der andern Hand nicht helffen konnte, fo war ich gezwungen 117
mich mit Gewalt auszureißen. wodurch ich mir aber die Hand in
dem Knöchel aus dem Gelencke drehete; und übel abfchund, und
zurichtete. Hier wird fich mein Lefer über die Möglickeit meiner
Erzehlung aufhalten, allein ich nehme Gott zum Zeugen daß ich
folgendes bewerckftelliget habe. Ich nahm nemlich einen Haar=
band, den ich mir zum Glück von * einem alten Zwirn=Strumpffe, 118
nebft starcken Kniee Bändern kurz zuvor geflochten hatte; band
denfelben an der Bettftelle und meine Hand am andern Ende
feft, fo daß ich mich gegen das Bette mit den Füffen ftemmen
und fitzend gewalt brauchen konnte. Hiebey kam mir nun zu
ftatten daß ich eimnal eine folche operation an einem meiner
Bedienten zugefehen, und ich war wircklich fo künftlich, daß ich
meine Hand wieder vollkommen * in die junctur fetzte, und zwar 119
um Mitternacht, ohne Licht, und Hülffe. Weil ich nun unter=
fchiedene mal vergebens angezogen folglich mir fehr Wehe gethan
hatte; noch dazu aber gezwungen war, in eben der Nacht mein

Loch wie gewöhnlich, wieder zuzumauern, weil des andern Morgens visitations Tag einfiel. So wurde nicht nur die Hand durch starcke Arbeit sehr inflammiret, sondern ich ward auch kaum vor 120 Ankunft * derer Herren Capitains unter unsäglichen Schmerzen damit fertig. So wehe mir nun auch der Hunger that so muste ich mir dennoch täglich drey Pfenninge zum Brantwein abbrechen, weil ich von meinem Schaden nichts †) durfte. Kurz ich war bey zwey Monate ausser Stande meine Hand zu einiger Arbeit zu gebrauchen, und war dieses eigentlich die Schuld warum 121 ich im Monat Aprill nicht entfliehen * konnte, da ich offene, und sichere Gelegenheit dazu hatte. Wovon ich besser unten Meldung machenn werde. Unterdessen will ich hier berichten, wie ich meine Sache angestellet habe, daß niemand alles genauen visitirens ohn= erachtet, von dieser langwierigen Arbeit etwas entdecken konnte.

Weil wie bekandt, sowol in die gebrochene Mauer, als auf= 122 gewühlte Erde, niemals so viel wieder herein zu * stopfen möglich ist, als man heraus bringt, so hatte ich folgende Erfindung um etwas Erde hinaus zu schaffen. Ich nahm nemlich ein Haarsieb aus meinem Rock, trocknete die Erde auf dem Ofen, und sichtete den feinen Staub besonders; diesen schüttete ich am Tage recht dick auf mein Fenster, machte mir einen langen Stock von denen Bett Brettern, woran ich vorne einen Busch Haare anband. und 123 da die Winde * just in der Gegend meines Kerckers einen starcken Zug haben, so lauerte ich die Gelegenheit in der Nacht ab, und stieß diesen feinen Staub zum Fenster hinaus welchen der Wind fortführete, und nicht auf die Erde fallen ließ, wo man ihn ge= sehen hätte. Auf diese Art habe ich gewis bey 100. Pfund Erde ohnvermerckt ausgeworffen. Ich fing auch an Sand, auch so gar 124 Stücke von Ziegeln in den * Leib Stuhl zu werffen, welches aber

---

†) Unleserlich.

gefunden ward, und verursachte daß eine scharffe visitation mit Mauer Meistern, und Zimmerleutten ankam, die aber dennoch nichts entdeckten, und sich mit meiner Entschuldigung begnügen liessen. Ich hätte vor einigen Tagen eine starcke colica gehabt wozu mir einer der Herren Capitains einen heissen Ziegel herein geben lassen, den ich folgends * zu meinem Zeitvertreib in Stücken 125 geschlagen, und in den Leib-stuhl geworffen hätte. Inzwischen fand man den Leibstuhl vom Eysen losgeschroben, allein der Boden und mein Loch darunter war von mir so gut zugepflastert, daß der Maurer nichts gewahr ward. Der Schlosser aber erschien des andern Tages mit zwey neuen langen Eysen, den Stuhl unbeweglich zu bevestigen. * Ich erschrack nicht wenig 126 darüber, allein, da ich ihm selbst das Licht dazu hielte, damit kein andrer so genau dahin sehen sollte, und auch Gelegenheit hatte, dem alten mittleydigen Manne ein paar Worte in das Ohr zu sagen, so ließ sich derselbe nichts mercken, da er die Steine unter dem Ofen alle loos, und gebrochen fand, sondern wendete vor die Eysen könten zwischen den Steinen nicht wol befestigt werden, * zog also den Stuhl hervor, und nagelte ihn auf dem 127 hölzernen Boden an; welches ich just gewünscht hatte, gab mir aber dennoch durch ein Zeichen zu verstehen, daß er meine Arbeit gemerckt hatte, und wünschte mir im hinausgehen Glück. Der gröste Vortheyl nun den ich auf der Citadelle vor mich hatte, war, daß die Herren Capitains von der Wacht nicht den Schlüssel zu meinem Gefängnis hatten; * folglich ich allezeit 48 Stunden 128 vor visitation vollkommen sicher war, welche nur gewöhnlich zwey mal in der Wochen, um 10. Uhr vormittags geschahe. Wenn ich also mein Loch aufbrach, so schüttete ich Steine, und Sand indessen unter das Bette. Das Zufüllen aber war mir das Mühsamste, und Künstlichste, weil die Ziegel auf dem Fuß Boden accurat wieder eingelegt, und vermauert werden musten. Das

129 Loch durch den * Schwibogen stand gleichfals 9 Zoll über den Fus Boden heraus. welches auch . . genau zu füllen, und mit der Mauer gleich ins Auge fallend zu machen war. Da mir aber allezeit etwas Erde überblieb, auch wol öffters gar zu wenig herausgelassen war, den Raum, und Ritzen auszufüllen. So muste ich hiezu ein neues Mittel erfinden. Ich schnitte nehmlich mit
130 meinem kleinen Messer, die drey Zoll dicke eichene Bohle * im Fußboden unter meinem Bette mitten entzwey, und machte daselbst ein Loch in der Erden, wo ich das etwan in der Haupt Arbeit übergebliebene, geschwinde verstecken konte. weil ich die Bohle leicht aufhob, und mit meiner Kunst die ich besser unten beschreiben werde, so gut zu verschmieren wuste, daß niemand etwas daran
131 bemerken können. * Inzwischen, da ich dieses Werck vor mir hatte, und Tag und Nacht damit beschäfftigt war, ereignete sich ein neuer glücklicher Zufall Ausgangs Februarij der mir die sicherste Hofnung meiner Freyheit gab. Es kam ein Grenadier zu mir auf dem posten welcher mich in meinem Wolstande genau gekandt & unter meinem Commando gestanden hatte, auch nebst mir in einer hitzigen rencontre war vom Feynde gefangen worden.
132 *Dieser nun redete mich selbst an, und erbot sich auch mit Verlust seines Lebens meine Freyheit auszuführen. Weil er mir aber unterschiedene Schwierigkeiten, und Einwürffe sagte die mir wahrscheinlich mein Werck verhindern könten; Ich aber vollkommen sicher gehen wollte; so schrieb ich nach genau abgeredeten Verhaltungs Unterricht, sogleich einige Briefe an meine guten Freunde
133 nach Wiem. worinnen ich nicht nur meinen Zustand * und Unfall umständlich berichtete, sondern auch einen gewissen Hauptmann von Ruckhardt, meinen besonders guten Freund, zu meiner ferneren Hülffe nebst 4000 fl. Geld, und zwey meiner tüchtigsten hinterlassenen Bedienten nach Gummern auf die hiesige Gränze bestellete. Mit der instruction, er solle den 10! April Vor-

mittags zwischen 11. und 12 Uhr auf der Brücken zu Gummern stehen, und in einem Briefe, oder blat papier in der Hand *haltend 134 lesen. An diesem Zeichen würde ihn mein Freund erkennen, welchem er gegen Vorweisung meines billets und anderer beschriebenen Merckmale, 2000 fl. in Gold behändigen, und sodann, nach mündlicher Abrede, meine fernere correspondenz, abwarten sollte. Ohnerachtet ich nun kein Geld hatte, das post porto zu bezahlen, so übernahm dieser Grenadier dennoch die Bestellung, schickte die Brieffe durch seine Frau bis Leipzig auf die Post; und * kam nachdem er inzwischen etliche mal bey mir Schildwacht 135 gestanden, den 20! Aprill, wircklich mit denen empfangenen 2000 fl. und verschiedenen Brieffen zu mir. Wovon ich ihm sogleich 1000 fl. schenckte die übrige 1000 fl. aber zu mir herein nahm. Hier muß ich die Art melden wie ich etwas wegen des doppelten Drat Gitters hinein practiciren können. Ich hatte nemlich bereits vorher durch die Wand * an meinem Bette, welche nur zwey 136 Ziegel dick war, und in den äussern Gang führete, wo die Schildwacht stand, zwischen denen Steinen ein Loch in der Grösse eines Eyes durchgebohret, welches mein Freund allezeit von aussen, so wie ich von innen zuklebete, und wodurch er mir Würste, und allerhand Eß-Waaren im Überfluß zustackte. Ich empfing also wie erwehnt Brieffe von Wienn; und erstaunete nicht wenig, da man mir berichtete, Wie * im Julio 1754 ein Brief an den 137 Hof Kriegs Rath in Wienn, von Danzig eingelauffen wäre, worinnen man dem Hofe berichtete, sich vor meine person, und intrigues zu hüten, weil ich mit dem Könige von Preussen längstens in geheimen Verständnis lebete, und die in Danzig geschehene arrestirung nur ein angestellter Betrug von mir sey, um vielleicht andere noch unbekante Absichten dadurch in das Werck zu richten. * Man meldete mir dabey, daß dieser Brief, 138 nicht nur verursacht hätte, daß man sich meiner bisher gar nicht

angenommen sondern gar im Begriffe gestanden wäre mich bey dem Regiment als einen Meineydigen öffentlich zu citiren. Meine eingelauffene lamentable Briefe aber hätten den Betrug entdeckt, und verursacht, daß Ihro Mayestät die Kayßerin, nebst dem Hauptmann Ruckhardt, den HofRath von Ziegler nach
139 Gummern geschickt hätten * um von mir nähere, und genaue Nachrichten einzuziehen. Ich beziehe mich hier, um meinen Leser nicht unwarscheinliche Dinge zu melden, auf die in meine alte Bibel eingeschriebene relation von meinem betrübten Verhängniß worinnen der Umstand von einem gewissen Meyrenz, die Ursache entdecken wird, warum man diesen Betrug gegen mich, in Wienn
140 zu spielen gesucht. Nemlich um zu verhindern * daß sich von dorten niemand vor mich interponiren solle, damit er, und die diebe, welche in Danzig meine schöne equipage geplündert hatten desto sicherer ohne Verantwortung bleiben, und seine Ehre erhalten möchten. Was aber in Berlin von diesen Schellmen vor Lügen dem gerechten Monarchen vorgebracht worden, um mir, wie leyder bisher geschehen, das Maul zu stopffen, ist leicht zu erachten, und
141 am besten aus der grau= * samen, und verächtlichen Begegnungs Art, die ich hier empfinde, zu erkennen. Ich kann gegenwärtig auch hiebey nichts anders thun als mit diesem Blute den ge= rechten Gott, um ein unbarmherzig Urtheyl gegen mich anrufen, wenn ich nicht in meiner alten bibel, von dieser Meyrenzischen intrigue, die reine Warheit geschrieben habe. Meinen gros= mütigen Leser aber bitten und zwar ausgerecten Armen bitten
142 * dießelbe mit menschlicher Fühlung zu durchlesen, und mich so= dann als das fürchterlichste Schlacht Opfer eines wütenden Schick= sals zu bedauern.

Ich kehre nunmehr zu meiner vorigen Erzehlung zurück; und melde folgendes.

Bey Empfang dieser Brieffe von Wienn, bekam ich zugleich

traurige Hofnung von der interposition des * Hofes vor meine 143
Person; denn man schrieb mir im Namen Ihro Mayestaet zwar
mit benen gnädigsten Bedaurungs Ausdrückungen; Ich sollte mir
helffen so gut ich könnte, weil die gegenwärtig obwaltende Um=
stände mit diesem Hofe mir keinen Beystand, vielmehr Nachtheyl
versichern könten. Doch würde man in Berlin vorbauen, daß
mir in allen Fällen, nichts meiner Ehre und caracter nachtheylliges
geschehen sollte. * Ich sollte also meine bereits öfters erwiesene 144
Künste auch in Magdeburg ins Werck setzen, wodurch ich Ihro
Majestaet einen Gefallen erzeigen würde. NB. dieses schrieb mir
sowol mein Regiments Cheff, als auch der Canzler Graf Kaunitz.
Ich war also vollkommen vergnügt, weil ich bereits alle Möglikeit
zur sichern Flucht vor mich hatte.

Zu meinem gröſten Unglück war ich dazumal juſt an meiner
Hand lahm, die ich wie oberwehnt * gar nicht gebrauchen, folglich, 145
weder die Thüren ausschneyden, noch mein Loch völlig durchbrechen
konnte. Ich ließ mir also allerhand medicamenta zustecken, wo=
durch ich Sie bis medio May vollkommen zurechte brachte. In=
beſſen correspondirte ich fleiſſig mit meinen Freunden; Ruckhard
muſte Pferde kauffen, und alle Anſtalten waren gemacht meinen
Anschlag sicher auszuführen.

* D. 10! May war nun mein Grenadirer bey mir auf dem 146
poſten, wo die final Abrede genomen ward, daß er in 4. oder
längstens 8. Tagen wider zu mir auf die Wacht käme, wo sodann
ſeine Frau ſogleich nach Gummern gehen, mir die Pferde an
gehörigen Ort in der Nacht bestellen würde, und ich aus meinem
Gefängnis wenn er auf dem posten ſtünde ausbrechen sollte,
welches um so viel leichter geschehen konnte * weil wir bereits die 147
Schlüſſel zu den auſſern beyden Thüren haben; die innere aber
in einer halben Stunde von mir selbst, durch Hülffe eines Bohrers,
und Meiſſel, die er mir zugeſteckt, geöfnet werden konnte. Alles

war also richtig, Allein die göttliche Vorsehung machte einen Strich durch meine Rechnung.

Mein Grenadier klagte an eben dem Tage über die Brust, und Stiche in derselben, und ist, wie ich hernach * erfahren, noch vor Ablösung der Wacht in ein Sinnloses Fieber verfallen, nach Hauße gebracht worden, und daselbst plötzlich gestorben. Ich wartete nun schmerzlich auf den Tag meiner Erlösung, da aber mein Erretter ausblieb, machte ich mir tausend Gedancken, bis ich d. 1! Juny diese traurige Nachricht von einer andern Schild Wacht heraus lockte, und erfuhr. Was war hiebey anders zu thun, als neue Be= * kandschafft zu suchen, die mir auch weil ich Geld in Händen hatte ganz leicht fiel. Ich hatte also gleich zwey alte Grenadiers auf meiner Seytten, die mir Würste und aller= hand Eß-Waren im Überfluß zusteckten, bekam auch den einen davon bald gänzlich in mein interesse, so daß ich ihm Brieffe und neue instructiones, auch Geld assignation an den Ruckhardt nach Gummern gab.

* Inzwischen aber hatte der Herr General v. Borck bey der den 6! Juny vorgefallenen Reuuë, mich, wie oben erwehnt bei Ihro Mayestaet dem Könige dergestalt verschwärzet, daß auf allerhöchsten Befehl, dieses Gefängnis darinnen ich noch gegen= wärtig lebe eilfertigst vor mich erbauet ward. Ich hörete zwar gleich davon unter den Schildwachten sprechen doch machte ich mir keinen Gedancken daß es mich treffen sollte weil meine An= schläge zur Flucht noch geheim * und niemanden bekant waren. Ich hatte aber den 21! Juny einen fürchterlichen Traum. Als ob nemlich der Herr Obriste von Asseburg zu mir herein käme, mich in Ketten schließen ließ, und in einem Wagen fortführete. Und da ich deßhalb ganz unruhig war, so kam Herr Hauptmañ v. Bilau des Morgends zur gewöhnlichen visitation. Nachdem dieselbe geschehen, hörete ich draussen vor meinem Fenster folgende

Worte von dem Wachthabenden * Hauptmann Buttberg sprechen, 152 welcher mir als ein Menschenfeynd sonsten viel übels gethan, und noch mehr gönnete. „Ich bin recht froh daß wir den Mussier von hier loß werden. Ist sein Hauß nicht bald fertig." Worauf der Platz Major antwortete. Auf den 1! wird er wol hinein gebracht werden. Ich beklag ihn etc. etc. Hier wuste ich nun was die Glocke geschlagen hatte. und was mich bedrohete. Weil nun mein Granadier * den 20! erst bey mir auf der Wacht gewesen, mir 153 aber gesagt hatte daß er vor 12 Tagen vielleicht aber doch schwerlich in 8. Tagen wieder kommen könnte; So faßete ich den Entschluß den 28! abzuwarten, wenn er aber sobann nicht zu mir auf den posten käme, mein Glück in eben der Nacht allein, und ohne Beystand zu wagen, und zwar auf folgende Art.

* Ich wollte das Loch unter dem Schwibogen hinter dem 154 Ofen aufbrechen, wiewol ich dahinaus nicht mehr konnte weil das ledig gestandene behältnis wenig Tage vorher mit dem Canonier Langenberg bewohnt war. Indessen wollte ich die Erde, und Schutt nur deßhalb heraus, und in mein Gefängnis werffen, damit man meine darunter verborgene intrigue nicht mercken sollte. welche darin bestand. Daß ich unter dem * Bette 155 die durchschnittene Bohle aufheben, und zugleich aus dem Loche so viel Erde hinaus werffen wollte, daß ich füglich darunter sitzen, und mich verbergen konte. In dieses Loch nun wollte ich eine provision von Brod verstecken, um im Falle der Not etliche Tage darinnen zu dauern, sodann hätte ich es * wieder gut, und vor= 156 sichtig zugedeckt. den 28·ten Nachmittags aber mit meinen instrumenten die Thüren durchschnitten und gegen 10. Uhr da noch allerhand leutte bey dem FeuerWercker Lehmann, aus, und ein lieffen, mich herausgeschlichen und mein Glücke ferner zu echappiren gewagt. Wie ich denn nicht zweiffelte ich würde meinen Zweck sicher erreichet haben, weil mir bereits alle Schliche auf

157 der Citadelle genau ausgemessen, und beschrieben * waren, ich auch sonsten gut schwimmen, und schnell lauffen konnte. auch ein paar doppelte Genuesische tercerols, und noch 83. Louisd'ors Geld bey mir hatte. Sollte aber wider Vermuthen dieser Anschlag gefehlet und man mich attrapiret haben, so hätte man doch das Loch unter dem bette nie gefunden, folglich nur die Thüren gebessert, und mich so lange eingesperret, bis das Ge-
158 fängnis im Sterne fertig worden wäre. * Sodann hätte ich in der ersten Nacht, das dritte bereits oben beschriebene Loch an den Füssen meiner Bettstette, welches in meine antechambre führete ausgebrochen, Ich aber hätte mich in meiner Grube unter dem Bette, wo meine provision Strick, und alle notwendige instrumenta verborgen lagen versteckt wo mich nimmermehr kein Mensch gesucht noch gefunden hätte. Bey dem Anblick der durch-
159 brochenen Mauer, wäre also keine andere Mutmassung * ausgefallen, als daß mir die letzte auswendig in den Gang zum Feuer Wercker führende Thüre, die man doch verschlossen gefunden, von jemanden, auch wol gar von meinen Schildwachten, muste geöfnet, und wieder verschlossen worden seyn. Indessen hätte ich unter dem Fußboden gelauert, und alle Worte die gesprochen, und geurtheyllet wurden, hören können. In der Nacht aber wenn
160 alles ruhig, wäre ich hervor * gekrochen, hätte alles genau recognosciret, ob etwan draussen vor dem ledigen Gefängnis noch Schildwachten stünden, und noch die Thüren verschlossen hielten. Da nun das erstere ohnfehlbar nicht geschehen wäre, so hätte ich in der folgenden oder dritten Nacht mich allenfals wieder aus den Thüren geschnitten, oder durch das noch offene Loch hinaus gestoben, und mein Glück zum andern mal gewagt. Allein wie
161 erschrack ich da den 26! gegen * Mitternacht ein Wagen vor meinem Gefängnis stille hielt; der Herr Obriste von Asseburg herein kam, mir eine Kette reichen ließ, an der ich mir selbst,

Hand, und Fuß schliessen muste, und mich mit verbundenen Augen in den Stern führete? Hier will ich meine Erzehlung etwas abbrechen, und folgende noch notwendig beyzufügende Umstände kürzlich berühren.

* 1. Weil ich den Anschlag hatte mir eine provision von 162 Brod in mein Loch beschriebener Massen zu verstecken so fand man den 26! da ich unvermutet abgeholet ward, vor sechs Groschen Brod bey mir, welches ich in der Geschwindigkeit nicht an die Seyte bringen konnte. Weil ich mich nun hier bei Gelegenheit beschwerete, und noch beschwere, daß man mir auf der Citadelle so grimmigen Hunger leyden lassen, so hat man mir * vorge- 163 worffen, ich müste noch Überfluß gehabt haben, weil man vor 6 grf. Brod in Vorrath bey mir gefunden. Wer aber diese meine warhaffte Erzehlung lieset, der wird die Ursache einsehen warum es geschehen, und zugleich erfahren, daß mir meine Schildwachten kurz zuvor bey 20 Pfund Braunschweigische Würste zugesteckt hatten, die ich indessen verzehret, mir aber 4 Tage nach einander nichts als lauter Brod von meiner * Kost Wirthin geben ließ, 164 wovon dieser Vorrath entstand, und wahrscheinlich so, wie geschehen, auszulegen war, weil dieser Zusammenhang der Sache niemanden bekant ist.

2. Die zweyte niederträchtige Beschuldigung, und Entschuldigung über meinen Hunger, ist diese: daß man einmal ein ganzes dreyer Brodt in meinen s: v: Leibstuhl gefunden, woraus folglich mein Überfluß, und nur fingirte Not zu beurtheyllen sei. Diese zu widerlegen melde ich folgenden Umstand. Ich hatte nemlich eine * ganze provision von Lebens Mitteln, die mir meine Schild- 165 wachten gebracht; folglich, da ich Fleisch genug hatte, einige dreyer Brodte von meiner ordinairen Kost ersparet. welche ich zur praecaution am Tage in der Erden versteckte, in der Nacht aber, wenn ich vor visitation sicher war, auf dem Ofen liegen

hatte. Weil nun einstens der Hauptmann Buttberg ohnvermutet in der Nacht visitiren kam, und ich im Finstern mein * Magazin in der Geschwindigkeit hinter den Ofen räumete, wohin man von der aufgeschlossenen Thür Klappe nicht sehen konte, so muß es geschehen seyn, daß ein solches Brod in den eben offen stehenden Leib Stuhl unversehens gefallen welches, da ichs nicht bemercket auch darinnen liegen geblieben, und den andern Tag bey der visitation gefunden worden, welches mir auch gleich damals als ein Übermut von meinem geschwornen * Feynde Buttberg höchst empfindlich, und verächtlich vorgehalten ward, auch eine Verschmällerung meiner ohnedem elenden Kost verursachte. Woraus ich mir aber damals nichts mehr machte, weil ich bereits andre Canäle zur Füllung meines Magens hatte. Erwehnter Buttberg ist auch wol Schuld daß ich vom Citadelle nicht echappiret bin; denn ich hatte mir fest vorgenommen just bey Seiner Wacht meinen Anschlag auszu- * führen; und da ich einstens alle Anstalten dazu gemacht, auch die wircklicke, und sichere Mögligkeit dazu erschien, So hatte er von ohngefehr zu seinem Glück, und meinem Verderben, Seine Wacht mit dem Captain von Sidow vertauschet, Da ich nun diesen redlichen Mann der mir nichts als Gutes erzeiget, nicht mit Undanck belohnen wolte, auch bereits glaubte daß mir kein Hindernis mehr im Wege kommen konte * so verschob ich meinen Vorsatz, den nachher die Göttliche Vorsehung oder vielmehr mein wütendes Verhängnis gänzlich unterbrach. und mir das Gegentheyl des Satzes bekrafftigte, daß großmütige Handlungen sich durch sich selbst belohnen. Ich wenigstens bin ein Opfer davon geworden, und wäre gewis nicht mehr in Magdeburg, wenn ich bey verschiedenen Gelegenheiten niederträchtiges hätte dencken und handeln können. * Überhaupt aber habe ich mir den Vorwurf zu machen, daß ich auf der Citadelle zu wenig gewaget, und gar zu sicher habe gehen wollen. Wobey ich noch unzehlige Umstände zu meinem Vortheyl anzubringen hätte, die mir aber die betrübte Beschaffenheit meines gegenwärtigen Standes sowol als Zwang und Vernunft hier zu berühren verbieten.

Ich setze demnach meine Erzehlung fort, und melde daß ich den 26! Juny 1755. in dieses Gefängnis gebracht * ward, wo 171 ich mich mit einer Hand, und Fuß selbst an die Mauer fest schliessen muste. Wie einem ehrliebenden Gemüte, und einem Manne von meinem caracter bey so ausserordentlicher Begegnung müsse zu Mute gewesen seyn, ist leicht zu erachten. Dabey sahe ich vernünftiger Weise wol ein, daß der Monarch auf das äusserste gegen mich muste aufgebracht seyn, folglich mein Leib nicht Kräffte genug haben würde, in dem neu erbauten gefängnis * und bey 172 so grossen Ungemach eine Abänderung meines Geschickes zu erharren. Zudem war mir der auf anno 1756 festgesetzte Krieg bekandt, welcher mir alle Hofnung zur Vorsprache benahm. Mein Gefängnis hielt ich zugleich vor undurchbringlich, weil keine Schildwacht unten im Graben, sondern nur eine oben auf dem Walle stand, und folglich hatte ich keine Hofnung zur correspondenz noch meinen intriguen, und menschlicher Hülffe vor mich. * meine 173 Leydenschafften, fingen sich also an in mir zu regen, und mahleten mir meinen Zustand in fürchterlichen Bildern vor. Wenn unser Auge weinet, siehet es ohnedem das Übel doppelt grösser an, als es ist. Und mein Unglück fiel mir also wircklich unübersteiglich in die Augen. Die Schwermut bemeistert endlich die Denckende Kräffte * wenn wir ein Ding vor unmöglich zu halten anfangen, 174 und durch irrige Begriffe, machen wir sodann aus der Warscheinligkeit einen Grundsatz. Folglich nehmen die Vorurtheylle die Stelle der Wirckligkeit ein, und zwingen uns zu entschliessen. Der Tod, ist nun die letzte Wirckung davon, und die letzte Thorheit die wir begehen können, uns dem Übel * zu entziehen. Allein, 175

ich sage, die letzte Thorheit vor einen klugen Mann, welcher das, was er ist, wozu er lebt, was er wird, auch wie, und wann er sterben soll, so entlarvt, und ohne Pfaffen Blendwerck kennet, als ich. Mein Leser glaube auch nicht, daß mich etwan niederträchtige Absichten der Eigenliebe bis auf diese Stunde die schimpfliche Begegnungen aufzufangen, zu ertragen, und abzuschütteln
176 bewogen haben. Nein, ich bekenne die Warheit * daß ich längstens aufgehöret hätte zu seyn, wenn ich weniger Kenntniß von der wahren, und scheinbaren Ehre besässe, oder nur allein vor mich lebete, oder nicht so viel Erfahrung, und tieffe Einsichten, von, und in der Falschheit Menschlicher Tugenden erlanget hätte. Mein angebornes Temperament übersteiget so gar die Gräntzen der Menschenliebe so weit, daß ich meine Leyden selbst, mit Wolluft fühle, wenn ich dadurch den Wolstand meiner Freunde verbessere.
177 Und weil ich weiß daß * nach meinem Tode mein gantzes Vermögen das ich in der Welt besitze, der Römischen Kayßerin zufällt; meinen Geschwistern, und andern redlich, doch dürftigen Freunden aber entzogen würde, so ist dieses eigentlich der Hauptgrund warum ich noch lebe. Wobey zugleich die Empfindungen eines Herzens welches einen Gegenstand natürlicher Leydenschafft in der Welt kennet, und verehret, das ihrige beygetragen haben.
178 * Allein am 27. Juny überwog der Schmerz alle meine Trost, Vernunfts, und Hofnungs Gründe. Und weil ich sowol mein Testament, als andre der Welt zu wissen nützliche Dinge zuvor schrifftlich verfassen, und hinterlassen wolte; so setzte ich den 4! July zu meinen blutigen Sterbens Tag fest. Ich zerriß also mein Hembe, welches ich statt des papieres brauchte, und vollschrieb, womit auch wircklich die Tage verflossen, weil man mit hölzernen Federn nicht wol fortkommen kann, und ich bekräfftige mit meinem Gewissen, daß ich nach Verfertigung meiner Schrifften,
179 die * letzte Stunde eines traurigen Lebens begierig erwartete.

Ich schlieff auch wircklich die Nacht vom 4! July ruhiger als zuvor; Hatte aber neuerdings einen wunderlichen Traum, den ich hier aber nicht melde um nicht lächerlich bey vernünftigen Lesern zu scheinen. So viel aber versichere, und betheure ich hiemit, daß alle Haupt Zufälle die mir noch in meinem Leben begegnet sind, mir allezeit voraus geträumet * und geahndet haben. 180 Welches ich bey mehreren scharffinnigen Leutten erfahren, und befunden habe, nicht also etwan mit thörigten Aberglauben vor eine Göttliche Offenbahrung halte: sondern aus dem Platonischen Systhemate de aeternitate naturae, et corporum mutatione, ad primam substantiam usque, herleite, und als ideas obscuras bereits belebter Zufälle sensitive erkenne. Wovon die fernere Untersuchung nicht hieher, sondern in die gelehrte Welt gehöret.

Am Morgen des 4! July nahm ich mein Messer, welches ich von der Citadelle des genauen visitirens * ohneracht, mit 181 hieher gebracht, und öfnete mir damit zwey Adern an dem lincken Arm, setzte mich auf dem Boden nieder, und ließ diese unglückselige Dinte mutig spritzen. Weil mir aber ein Haupt Umstand beyfiel, der das Wol meiner Geschwister betraf, und den ich aufzuzeichnen vergessen hatte. So band ich meinen Arm wieder zu, und schrieb was ich wolte. Nachdem es geschehen brachte man mir das Mittags Essen. Ich aber setzte mich auf das Bette, um meinen letzten Gedancken den Stroom zu lassen. Indem hörete ich rufen. Prost die Malzeit Herr Rittmeister. * Ich erkannte sogleich die 182 Stimme meines Grenadiers von der Citadelle, welcher über mir auf dem Walle Schildwacht stand. Kurz nachdem ich ihm mein Vorhaben gesagt, erhielt ich die Antwort, ich wäre ein Narr, weil von hier leichter zu echappiren sey als von der Citadelle, wenn ich mich nur von Ketten loßmachen könte, und instrumente hätte die Thüren zu durchschneiden. Da ich mich nun geirret, und aus dem Klange der aussern Thüre im Aufschliessen dießelbe * eysern 183

zu seyn geurtheyllet hatte, so widerlegte er mir meine Meinung.
Man stelle sich vor wie mich diese Nachricht vergnügte, da ich ein
Messer hatte mit dem ich mich leicht auszuarbeitten getrauete.
weil ich damals nur drey Thüren hatte. Ich war also etwas
zu hitzig auf die Ausführung, Mein Grenadier zu allem fertig,
und die Abrede ward genommen, daß ich an eben dem Tage,
zwischen 11. und 1. in der Nacht heraus schleichen sollte, wenn
er oben auf dem posten stünde, sodann sollte ich nur von meinem
184 Bette einen 40. Fus langen Strick machen, * um mich vom Walle
hinunter zu lassen, so wollte er mir sodann nicht nur aus dem
Sterne helffen, sondern auch genaue instruction geben, wie ich
sicher nach Gummern entkommen könte. Er vor seine Person
würde sodann hier nichts zu verantworten haben, weil man nicht
wissen könte bey wessen Nummer meine Flucht geschehen sey; und
müsten sie auch alle drey Gassen lauffen, so mache er sich nichts
daraus wenn ich nur frey wäre. Ich säumete also keinen Augen=
185 blick * und weil ich bazumal nachmittags nicht visitiret wurde.
So sprengete ich meine Kette sogleich entzwey, welche weil sie nur
subtil, und dazu von schlechten Eysen, auch nicht wol ausge=
schmidet war, an zwey Orten zugleich zerbrach Hierauf griff ich
die Thüren an, und noch vor 4. Uhr war die erste offen. Da
nun mein Grenadier um 5. Uhr wieder auf dem posten stand,
gab ich ihm Nachricht daß ich bereits mit der andern beschäfftigt
186 sey. Ich rastete * hierauf ein wenig, weil mir mein verwundeter
Arm sehr blutete, und schmerzte; Aß indessen mein Mittagsbrod
mit Freuden und griff meine Arbeit von neuem an. Allein wie
erschrack ich, da ich auf einen Ast, den ich zu hitzig durchschneiden
wolte mein ohnedem schwaches, und sehr schlechtes Messer zerbrach.
Was war zu thun? Mein Freund war eben um 7. Uhr vom
posten abgelöst, folglich kein Mittel zu treffen. Wäre ich damals
187 so klug * gewesen als ich nacher worden bin, einen grossen Nagel

aus dem Fusboden zu ziehen, so hätte ich die Thüren besser als mit dem Messer bemeistert: Ich wuste mir aber keinen Rath, arbeitete mich zwar mit dem Stumpf noch müder aber leyder vergebens. Endlich brach ich die langen Eysen vom Ofen, und festgenagelten Leib Stuhl los, und wolte die noch ganz weiche frisch erbaute Mauern durchbrechen; allein ich hatte zu viel Blut verlohren, und ward so *matt, über der eyffrigen Arbeit, daß ich 188 mich halb ohnmächtig auf das Bette warff. Um 11. Uhr kam mein Freund auf den posten, der nicht weniger als ich, über mein Unglück erschrack, dennoch aber heyligst versprach in allen Fällen mir beyzustehen wenn er nur Gelegenheit finden könte; Nachdem ich mich nun die ganze Nacht durch mit neuen projecten und Sorgen gequälet, wie ich wenigstens fernere Mishandlung mit meiner Person, des gewagten Ausbruches *wegen verhindern 189 könnte: Vertrieb mir Die Hofnung, daß diese Begebenheit verursachen würde, Schildwachten hier unten vor mein Gefängnis zu stellen, wodurch ich endlich meinen Zweck dennoch zu erreichen glaubte, alle Lust zum Selbstmord. Und ich richtete folgenden Morgens eine intrigue ins Werck, die just das, was ich *suchte, 190 zu Wege brachte. Ich verpalisadirte. nemlich meine inwendig offene Thür, mit denen Stricken die ich bereits um mich vom Wall hinunter zu lassen gemacht hatte; damit mir niemand mit Gewalt auf den Leib dringen konte. und da der Herr Obristwachtmeister von Wegner die erste Thüre öfnete, stand ich in einer affectirt desperaten Stellung, halb nackend mit meinem Messer in der Hand an meiner Verschanzung mit der *Erklärung, daß 191 ich zum Tode bereit sey, auch falß man mit Gewalt zu mir eindringen wollte sogleich mit der letzten Entschliessung fertig seyn würde. Ersuchte also, aus Christlichen Mittleyden bem Commendanten zu bitten, daß er mir einen Priester herschickte, nebst einigen Zeugen denen ich mein verfertigtes Testament übergeben

192 * und sodann in ihrer Gegenwart sterben wolte. Herr von Wegner war wircklich über den Anblick gerühret, und so mittleybig, daß Er gleich umkehrete, und samt dem Herren Obristen v. Asseburg, Hr. Platz Major, und einem Feld Prediger zurück kam. Wäre ich nun auch wircklich zum Tode entschlossen gewest so hätte das gütige und recht Freundschafftliche Zureden dieser Herren tausend-
193 mal mehr bey mir erwürcket, als die Pöbelhaffte * und längst von mir übersehene Einwürffe eines Pfaffen. Kurz, nachdem mir der Herr Obriste versprach daß die ganze Sache mir nicht praejudiciren sollte, so warf ich mein Messer hinaus; öfnete mein retranchement und ergab mich auf discretion. Es geschahe mir auch nicht das mindeste Leyd, meine zersprengte Kette ward nur geflickt, und ich erhielt das, was ich wünschte, und warum ich diese intrigue angestellet hatte, nemlich, daß eine Schildwacht
194 hier unten im Graben, vor mein Gefängnis gestellet ward, * wozu ich selbst Anlaß gab, weil ich sagte daß ich, weil keine Wacht draussen stünde, die neue Mauer in leicht durchbrechen könnte. Weßhalb auch sogleich Palisaden um das ganze Hauß gesetzet, und die vierte Thüre gemacht wurde. Ich selbst aber war von neuem vergnügt, verbannete alle Schwermut, heylete meinen Arm wieder aus, und erwartete meinen Grenadier mit Schmerzen, um neue Anschläge schmiden zu können.

Doch muß ich hier erinnern daß dieses eigentlich der erste
195 Versuch zu meiner Flucht war, welcher in Mag*deburg entdeckt wurde: Und da an eben diesem Tage die Rede vorkam wegen der Ursache warum ich von der Citadelle hieher gebracht, und so schändlich mißhandelt sey, und ein jeder die Unwissenheit anzeigend mit den Achßeln zuckte. So entdeckte ich allererst die drey Löcher, welche ich dorten ausgebrochen, und die bis dahin niemand gefunden hatte, so gar, daß der Herr Platz Major mir nicht
196 einmal glauben wolte, und es vor unmöglich hielt. * Ich erinnre

dieses deßhalb hier nochmals, damit man sehen kann, daß man d. 6! Juny, wo man noch nichts gewust noch entdecket. Ihro Majestaet einen falschen rapport abgestattet habe.

Da es nun einmal öffentlich bekandt daß ich zu entfliehen suchte, und man nur auf Mittel bedacht war mich fest zu halten so rafinirte ich Gegenseitig Tag, und Nacht, um der Gewalt mit List zu begegnen, welche eigentlich das letzte Gewehr unglücklicher Menschen ist. Siehet sodann unsre Vernunft Warscheinliche Gründe zur Rettung * vor sich, so fangen wir an die Ausführung derselben 197 als eine Notwendigkeit zu erkennen. Und aus dem Natürlichen Lehrsatz. Qvilibet sibi proximus. fället ein vernünfftiger Arestant das Urtheyl. Qui moritur minis bombis sepelitur asinis. und erkennet, daß eine unzeitige Geduld, Verachtung, Die Begierde nach freyer Welt Glück, die unerschrockene Entschliessung aber Hochtung†) verdiene. Daß aber Notzwang keine Verwegenheit * edle Ehrbegierde eine Tugend, Freyheit suchen wo man kein 198 Recht finden kann, hingegen kein Trotz, noch Eigensinn zu nennen sey, ist in gros denckender Welt eine ausgemachte Sache. Da ich nun alle ausgekünstelte Beveftigungen übersahe, und wircklich unnütz beurtheyllete So entstand daraus, wiewol zu meinem Unglück die Ruhmsucht klug vermeinte Anstalten lächerlich zu machen. Wie denn auch ein vernünftiger Leser aus allen Um= * ständen er= 199 sehen wird, daß man durch geglaubte Hindernisse mir just allezeit das Gewehr in die Hände gegeben hat; und mir nicht die Gewalt, greuliche Ketten Lasten; noch hauffige Wächter, noch die Menge vergeblicher Ordres, sondern einzig und allein das mir widrige Verhängnis, oder, wie man es nennen will, Die göttliche Vorsehung an eigenmächtiger Behauptung meiner Freyheit verhindert haben. Ich schreitte nun ferner zu meiner Erzehlung.

---

†) So statt Hochachtung.

200 * Mein Grenadier der es wircklich redlich mit mir meinete kam wegen vorgefallener Hindernisse nicht ehr als den 1! August zu mir auf den Posten; Und da ich meine 83. Louisdors auf der Citadelle vermauert zurücke gelaßen, welche auch dorten bereits verloren gegangen waren Da ich es hier anno 1756. meldete, folglich ohne Geld war, So gab mir dieser Mann fünf Louisdors die er bey sich hatte; mit Versprechen so bald er vom posten
201 abkähme nach Haußte zu lauffen * und mir die in Gummern empfangene 1000 fl. zu bringen. Die fernere Abrede ward genommen; doch weil die Zeit zu kurz war nicht umständlich; Ich schrieb indeßen an meine Freunde nach Gummern, und erwartete seine Zurück Kunft wo er mir verschiedene instrumenten mitbringen sollte. Allein unglücklicher Zufall vor mich, er kam gar nicht wieder. Und wie ich lange Zeit hernach erfahren, ist dieses
202 die Ursache gewesen. Der Tambour von * der Wacht hatte ihn mit mir heimlich sprechen gehöret, solches dem Lieutnant gemeldet, der ihn auch selbst vom Walle oben abgelauscht. Weßhalb er eine gute dose Prügel bekommen, und gar nicht mehr zu der Stern Wacht abgetheyllet wurde. Ich wartete also den ganzen Sommer vergeblich auf Ihn; konnte auch aller angewendeten Mühe ohnerachtet im darauf folgenden Herbst keinen neuen Helffer auf meine Seytte bringen.
203 * Inzwischen hatte ich Zeitvertreib, weil man mir erlaubete Becher auszustechen. Der Hunger qwälete mich auch zuweillen, weil ich von außen keine provision mehr bekam. dennoch aber litte ich nicht so gewaltig daran, theylß weil ich bereits meine vorigen Kräffte verloren, und nicht mehr halb so starck als zuvor eßen konnte, theyls, weil einige der Herren Stabs Officier mir aus Mittleyden zuweillen etwas schenckten.
204 * Zu meinen Ketten hatte ich mir indeßen einen Schlüßel gemacht, mit dem ich das künstlich dazu verfertigte Schloß, so gut

als die Herren die den rechten Schlüssel führten, öfnen konnte. Anfang Decembers aber war ich neuerdings so glücklich einen alten, wiewol sehr furchtsamen Grenadier zu gewinnen. Ich schickte Ihn nach Gummern, allein meine Freunde, waren in währender Zeit, weil Sie keine Nachricht von mir gehabt nach Hauße gereiset. Ich * schickte hierauf dieses Grenadiers Frau 205 nach Dresden, wozu ich meine letzten fünf Louisdors hergab, an unsern dortigen Minister, nebst einer kleinen Geld assignation. weil ich diesem Manne nicht viel zutrauete. Worinnen ich mich auch nicht betrog. denn ich habe ihn von dem Tage an nicht mehr gehöret noch gesprochen. Fing also wircklich an zu verzagen, neue Hülffe zu finden, weil ich gänzlich von Gelde entblösst war.

* Ich componirete also verschiedene Geistliche Trauer, und 206 Klag Lieder, die ich täglich mit beweglicher Stimme sang. Diese nun hatten alle gewünschte Wirckung, denn ich bewog alles zum Mittleyden; und weil mir die natur ein besonders scharffes Gehör gegeben, so lauschte ich von meinen Zuhörern alles ab, was sie unter sich von mir urtheylleten. brachte es auch in kurzem so weit, daß die mehresten mich zum Singen aufmunterten, und sich auch mit mir in Gespräche einliessen. * Endlich fand ich einen 207 60. Jährigen, gutherzigen, doch sehr einfältigen Mann Namens Gebhard. welcher sich nach häuffigen Zureden bewegen ließ, einen Brief vor mich zu bestellen. Weil er aber zu arm dazu war Seine Frau bis Dresden zu schicken, wo ich hätte Geld empfangen können, auch dazu viel zu furchtsam schien, etwas vor mich zu unternehmen. So schrieb ich neuerdings zwey Brieffe nach Wienn, worinnen ich meinen Freund * den Hauptmann Ruckhardt noch- 208 mals nach Gummern bestellete; und unter eben dem Zeichen, wie im vorigen Jahre geschehen auf den 10! Aprill gegen Mittag dahin bestimmete, mit instruction meinem ihm sodann dorten begegnenden Freunde 1000 fl. zu behändigen, und baselbst fernere

Nachricht von mir zu erwarten. Den 6! Februar 1756. übernahm Gebhardt†) diese Brieffe, zahlete von seiner Armut 14 ggrl.
209 Postgeld davor, und bestellete Sie durch Seine Frau * auf der Post zu Gummern, nach meinem ihm gegebenen vorsichtigen Unterricht glücklich. Inzwischen bekam ich bey der Reinhartischen Compagnie besonders, vielle mir nützliche Bekandschafften, von denen ich nicht nur eine genaue Beschreybung von der äussern Lage, und Beschaffenheit meines Kerkers erhielt, sondern man sagte mir zugleich daß ich hinter mir nur etwan 15. Fus weit zu graben hätte, um in die Mine des Walles zu kommen: Nach
210 gemachter Ueberlegung, fand ich eine wahrscheinliche * Möglichkeit bis dahin zu miniren, besonders wenn ich Geld haben würde, um durch Hülffe meiner Schildwachten den Schutt fortzuschaffen. Gebhard aber wolte mir keinen Beistand zu dergleichen Unternehmung leisten, auch nicht einmal ein Messer zustecken. Damit ich aber dennoch nichts versäumete, so fing ich indessen an die Bohle hart an dem Ofen zu durchschneiden, welches mit dem Windeysen††) vom Fenster geschahe, das ich losgebrochen, und auf
211 dem Ofen * scharf geschliffen hatte. mit diesem bohrete ich ein Loch neben dem andern, die ich sodann, wiewol mit saurer Arbeit ausbrach, und auf solche Art, in den zwiefach Hölzernen Boden der 6. Zoll dick war, eine Ofnung machte, wodurch ich bequem ein, und aus kriechen konnte. Die nur eines Fingers breit von oben sichtbare Ritze, ward von mir allezeit sorgfältig, und so
212 künstlich zugemacht, daß ich den Ort selbst nicht * zu sehen im Stande war. Welches eigentlich auf folgende Art geschahe. Ich hatte von den Brettern aus meiner Bettstelle ein Stück Holz mit einem Stück Glaß so accurat zurechte geschabt, daß es just in

---

†) So statt Gebhardt.
††) Undeutlich.

die Ritze einpaßte. Geshardt†) aber hatte mir, doch unwissend wozu ein Pfund Wachs gekaufft, wozu mir einer der Herren Stabs Officier das Geld, par intrigue geben mußte. denn ich verlangete von ihm ein 4 ggrl. Stück, um es glatt zu schleiffen, und eine deuise darauf zu stechen. da er es aber nachher wieder zu sehen forderte, schützte ich vor es seye mir in die Ritzen des Bodens ge= *fallen, und verlohren gegangen. Auf diese Art bekam ich Wachs, wovon ich kleine lichter machte; dießelbe an meiner Ofen Röhre ansteckte, und sodann den in der Bohle gemachten Schnitt voll tropffen ließ; Hierauf nahm ich ein heiß gemachtes Eysen, und schmolz damit alles gleich, schüttete etwas Staub von der Erden darauf, das er mit dem Wachs zugleich antrocknete, und kurz ich machte damit das sichtbare vollkommen *unsichtbar. Inzwischen kam der 10! Aprill heran, und den 12! hatte ich schon das Vergnügen daß Gebhard mir ein ganz paquet Brieffe, wobey zugleich ein Kayßerl: auch ein Sächßischer Cabinets pass vor meine allenfallige Hülffe auf hiesiger Gränze, auch die ver= langte 1000 fl. befindlich waren wovon ich 600 fl. dem Über= bringer schenckte das übrige aber vor mich behielt. Mein in Gummern angekommener Freund Ruckhardt hatte indessen *nicht vor ratsam gefunden sich daselbst aufzuhalten, und dem Gebhard mündlich das Hauß, und Namen benennet, wo, und unter welchem er in Dessau zu erfragen seyn würde; Allein der einfältige Mensch, hatte vor Freude über das empfangene Geld alles vergessen, und ich wuste also nicht wo ich ihn finden, und erfragen sollte. Ges= hards†) Frau war dazu kranck, daß ich Sie nicht nach Dresden schicken konnte, um etwan seinen *Aufenthalt von unserm dortigen Gesandten zu erfahren. Kurz, diese Vergeßamkeit war Schuld an meinem darauf erfolgten Unglück. Geshard†) machte mir

---

†) So statt Gebhardt.

zwar glauben Seine Frau wäre in Dessau gewest, und hätte nichts erfragen können. Allein der eigentliche Grund der Sache war der, daß der alte Drache vom Weibe 600 fl. Geld in ihrem Kasten hatte, und den gutherzigen Mann abwendig machte sich ferner mit mir in nichts einzulassen. * Unterdessen säumete ich in meiner Arbeit nicht, und da ich Geld in Händen, hatte, auch die Gemüter schon kante so fand ich bald was ich suchte. Nemlich zwey neue Freunde, die mir tapfer arbeitten hulffen. Das Drat Gitter vor meinem Fenster worinn vorher nur ein klein Loch gemacht war, zerriß ich sogleich völlig und ließ mir neuen Drat zustecken, wovon ich ein anders flochte, das ich auf, und zu machen konnte so daß niemand etwas * bey dem visitiren daran mercken konnte. Mein Fenster richtete ich gleichfalß ein zum ausnehmen, und Einsetzen. Ich ließ mir Wachs Lichter, Feuer Zeug, Messer, eine hohl Meissel, auch etliche Ellen Leinwand zustecken. Von welcher letzteren ich etwan Arms Dicke lange Säcke machte, die ich mit Sand anfüllete †) meinen Schildwachten, wenn es die Gelegenheit zuließ, zwischen denen eysernen Stäben hinaus * schob, welche Sie sodann draussen auslereten, und lebig zurück gaben. Auf diese Art brachte ich nach meiner Rechnung bey 50. centner Sand glücklich hinaus, welches dennoch nicht hinlänglich war, um bis in die Mine, die nicht 15. sondern 32. Fuß entfernet ist (wie ich hernach erfahren) durchzugraben. Welche Hülffe mir aber nicht allein von diesen beiden Grenadiers, sondern von mehr andern geschahe, die ich davor * freygebig bezahlete. Ich schickte auch Ausgangs April eine von ihren Weibern nach Dresden, die mir 1500 fl. Geld mitbrachte, doch von dem Aufenthalt des Ruckhardts nichts erfragen konte. Da ich aber denselben zu ausführung meines Vorhabens notwendig brauchte,

---

†) Unleserlich.

und nicht anders vermutete er müße, wieder nach Hauße gekehret seyn, weil er so lange keine Nachricht erhalten; So schrieb ich aller Sicherheit halber nochmals nach Wienn mit * Ordre, Ruckhardt solle den 12! July mit zwey Pferden, und andern Notwendigkeitten ohnfehlbar in Gummern erscheinen. Diese zwey Brieffe gleichen Inhalts an meine dortigen Freunde, gab ich d. 24! May dem Gebhardt mit genauer ordre dießelbe durch seine Frau bis nach Leipzig zu schicken, und daselbst auf die Post zu geben. Allein der alte Teuffel muß zu commode gewest seyn den Weg zu machen, und der * gute, einfältige Mann der mir diese Gefälligkeit gerne erzeigen, und alles recht gut bestellen wollte. Gehet mit den beyden Brieffen selbst nach Gummern. spricht zu dem dortigen Postmeister. Er sey ein armer Grenadier, habe zu Wienn einen process und könne auf alle Brieffe die er in Magdeburg auf die Post trüge keine Antwort erhalten. bäte ihn also um die sichere Bestellung derselben. wobey er ihm zugleich 25. Reichsthaler in die Hand drückt, und eiligst umkehret. * Dieser Mann erschrickt nun über das Geschenck von 25. Rthl. von einem armen Grenadier, macht sich also auf und bringet die beyden Brieffe hieher an den Durchl. Gouverneur, den Herzog von Braunschweig. Hierauf kam Derselbe in eigener Person mit Mauer Meister, und Zimmerlütten mein Gefängnis zu visitiren, allein man fand gar nichts, sagte mir auch kein Wort von meinen aufgefangenen Brieffen. Ich erfuhr aber dennoch an eben dem Tage von meinen Schildwachten daß * ich auf den 12! July Pferde bestellet hätte, wovon der Herzog draussen Meldung gethan. Hier merckte ich nun bald die Ursache ward aber nicht wenig bestürzt, da meine Schildwachten bey der Nacht verdoppelt wurden, welches mir mehr Sand hinaus zu schaffen verhinderte. Weil ich zwar verschiedene Helffer dazu hatte, doch aber keiner vom Andern wuste. um der Verrätherey Willen die ich praecavirete.

Den 10! Juny kam Gebhard zu mir auf den posten, der mir
225 seinen dummen Streich * bekandte, doch samt mir froh war, daß
alles so gut abgelauffen. brachte mir auch die erfreuliche Nachricht,
daß Ruckhardt nicht nach Wienn zurück gereyset sey; sondern
sich in Leipzig aufhielte, von wannen er den 3! einen Boten zu
ihm Gebhardt ins Quartier geschickt, nebst einigen Brieffen an
mich, von verschiedenen Freunden, die er mir auch behändigte.
Mit Vermelden daß alle Woche ein solcher Bote zu ihm kommen
würde, um meine ordres zu empfangen. Hier bekam ich von
neuen einen Helden Mut. theyls weil ich Hülffe an der Hand
226 hatte, theylß wegen eines sehr gnädigen * Briefes von meiner
Souverainin. Weil ich nun in grosser Gefahr stand, daß alle
meine Anschläge entdeckt würden, da man der aufgefangenen
Brieffe halber genau invigilirte, folglich täglich neue Veränderung
zu fürchten hatte. So verfertigte ich einige Tage lang eine Menge
Schrifften, Brieffe, und instructiones auf alle Fälle, die ich Geb-
hardten zusteckte. Worunter unter andern diese war, daß, wenn
mir auch meine gegenwärtige Anschläge fehl schlügen, die Anstalten solten gemacht werden daß allezeit am ersten des Monats,
so lange ich in Magdeburg wäre, eine Person zu Pferde, oder
227 zu Fuße, in der * Nacht, und zu Mittage von 10. bis 1. Uhr
sich draussen in der Gegend des Schlag Baumes sollte gegen ein
gewisses Signal antreffen lassen. Welches auch bis anno 1758.
fortgedauert, wo ich es erst selbst contremandiret habe. Ich bestellete auch zugleich durch den nächsten Boten Tausend Gulden
frisch Geld, die mir Ruckhard zwar geschickt, ich aber nicht mehr
empfangen konnte. Welches folgender Umstand verhinderte. Weil
228 ich noch unumgänglich etliche * Centner Sand hinausschaffen
muste, um meinen Canal fertig zu machen, durch welchen ich in
die mine, und sodann bey der Thüre im Graben unter der
Brücken hinaus gehen wollte, welche zuvor entweder einer meiner

Grenadiers am Tage ohnvermerckt, geöfnet, oder ich selbst von inwendig aufgeschnitten hätte. Sodann an der Brücke hinaufgeklettert, und durch Hülffe der vor dem Schlagbaum bestellten Pferde, echappiret wäre. So fasete ich den Entschluß ein neues * Loch, umter der Mauer in dem Winckel bey meiner eingemauerten Krampe durchzugraben, woselbst ich die Sand Säcke in der Nacht, meinen Freunden, welche schon dazu instruiret waren den posten auf dieser Seytten zu nehmen, zustecken wolte, ohne daß es die andre Schildwacht mercken könte. Wornach Sie nur das Loch von aussen wieder mit Sand zuscharren dörfften. Da ich nun zu dem Ende den Hölzernen Boden an diesem * Orte zu durchschneiden anfing, und eben am 26! Juny die Obere Bohle aufgehoben, wovon man aber draussen etwas verdächtig knackendes gehöret hatte. Es kam um 6. Uhr Nachmittags der Gouverneur selbst herein, und fanden mich in der Arbeit. Wobey ich doch noch Gelegenheit hatte, das Schloß an meiner Kette zuzumachen, und ein schon lange zuvor fast ganz durchschnittenes Gelenck zu zerbrechen, weil ich mich so geschwinde nicht fest schliessen * konnte. Dieses aber that ich, damit man sich ferner auf das künstliche Schloß verlassen sollte. Hier war nun ein gewaltiger allarm, und Freude alles entdeckt zu haben. Und weil man einige instrumenten fand, so muste ich nothwendiger Weise sagen wo sie herein gekommen, sonsten hätte man das große correspondenz Loch im Drat Gitter noch nicht gefunden. Das gebrochne Brett ward wieder, wiewol sehr unvorsichtig zugenagelt. * Meinen Haupt Canal aber am Ofen, wo so viel Erde hinaus, und bereits 28 Fuß lang war, fand niemand, und suchte ihn auch nicht weil man bereits alles gefunden zu haben glaubte. Ich lachte also zu allem, in meinem Herzen, weil ich gemachten Anstalten gemäß noch alle Tage dadurch sicher zu entweichen hoffen konnte. Wiewol es nur zu meinem Unglück verborgen blieb. Denn hätte ich dem grosmütigen Herzoge, der 6. Stunden lang sich mit der vergebli= * chen Untersuchung im Sterne verweillete, eine offen= herzige und freymütige Entdeckung der ganzen Sache gemacht so bin ich gewiß versichert, daß ich jetzt nicht mehr in Magdeburg wäre. Und dieses ist auch warhafftig die einige That die ich in meinem hiesigen Begehen bedauere. weil ich Gelegenheit gehabt hätte von meinem nie verdienten harten Geschicke zu sprechen. Genug ich schwieg zu meinem Verderben, und verließ mich zu viel auf meine intriguen * eigene Kräffte, und meine Helffer. Das 6. stündige Verhör brachte also nichts heraus, als eine ver= wickelte Last von Notlügen, und weil ich vorgab den Namen des Mannes nicht zu wissen, der mir geholffen hatte. Auf die Rein= hartische Compagnie aber bey welcher just alle meine Freunde waren, keinen Verdacht werffen wollte. So sagte ich, der Mann sey von des Capitains von Ripps Compagnie. Weil nun zu= fälliger Weise der Grenadier Schütz von welchem * ich pag: 103 meldung gemacht, bey derselben stand: in währender Zeit aber etwas sichtbar mit dem aus meinem Ringe gelößten Gelde, um den er mich betrogen, mag gewirtschafftet haben, folglich eine inquisition fürchtete, so hieng sich derselbe da er im Sterne auf der Wacht war selbst unter der Brücken auf. Ich erfuhr es in eben der Stunde am 3! July, da es geschehen war, daß sich einer meinetwegen erhenckt * hätte, doch wuste ich nicht wer es sey; glaubte also sicher es wäre der einfältig furchtsame Gebhard. weil ich auf diesen Schütz gar nicht dachte, auch mit Gott ver= sichere, daß ich nicht einmal seinen Namen wuste. Weil nun der Herzog so hart darauf gedrungen hatte, den Mann zu wissen, mir auch allerhand gnädige Versprechungen gethan, wenn ich den= selben benennen würde; So wolte ich mir die Gelegenheit zu Nutze * machen, ließ demnach bitten um einen Bogen papier, so wolte ich Ihro Durchlaucht Verlangen ein Gnüge thun, und Denenselben meine ganze intrigue schrifftlich entdecken. Ich erhielt auch sogleich mein Verlangen fing an zu schreiben, doch da ich auf den articul kam, den Namen Gebhard zu schreiben, den ich in meiner Meinung vor den gehenckten hielt, so kam mir ein Schauder an, daß ich das Blatt wegwarf, und das übrige * auf den andern Morgen verschob. Tausend Gedancken beunruhigten mich, denn ich fieng an zu zweiffeln ob es Geshard†) sei Bey Anbruch des Tages sang ich zuvor ein traurig Lied, um meine Wächter zum Gehör zu locken. Hierauf aber sprach ich folgende Worte. Gerechter Gott hat denn niemand mehr so viel Erbarmen mir den Namen des Mannes zu sagen welcher sich erhenckt hat. damit ich alles auf den todten schieben kan und die lebendige errettet werden Erbarmet euch eurer Brüder ihr Herren, handelt als Chrysten, und verhindert Blut Schulden. 238

* Statt der Antwort hörete ich seufzen. Kurz darauf aber sprach einer zum andern ganz laut. Hast du den Kerl gekant der sich gehenckt hat? der andre gab zur Antwort, Ey soll ich Schützen von Rips Compagnie nicht gekant haben. erzehlte auch dabey Umstände, die mich auf die Spur brachten es müße der Mann seyn welcher mich um den Ring betrogen hatte. Ich schrieb also diesen Namen statt Gebhard auf mein Blatt, schob alles * auf den todten und die lebendige kamen glücklich davon, weil hiemit alle inquisition aufhörete. Ich muß aber noch melden daß diese Leutte, die mir den Namen des gehengten entdeckten, keine Grenadiers mehr waren. Weil den 26! Juny die Veränderung geschehen daß man auf meinen posten, einen Musquetier, und einen Grenadier folglich 2 Mann unten herstellete. Zugleich wurden doppelte Drat Gitter vor die Fenster gemacht, und kurz mein ganzer Anschlag * warb zwar nicht verhindert, doch unter- 239

240

241

---

†) So statt Gebhard.

brochen. Und wäre dennoch zu Stande kommen, wenn nicht d. 20! August die Regimenter in das Feld hätten marchiren müssen; weil meine Grenadiers aus Danckbarkeit, daß ich Sie nicht verrathen, bereits einen Musquetier auf ihrer Seytten hatten, durch deßen Hülffe meine correspondennz Anfang Augusti schon wieder in Richtigkeit war, und wenn der Musquetirer nur noch einmal vor dem Marche zu mir auf den posten kommen
242 können, so wäre mein * Aufbruch aus Magdeburg sicher erfolget, doch auf eine Art, die ich hier nicht beschreyben darf.

Zum Beweiß, was Geld bey Soldaten vermag, berühre ich hier folgenden Umstand. Da ich im May in der Nacht mit meinen Säcken, Sand hinaus geschaffet, und das ausgehobene Fenster am Morgen einsetzen wolte, fiel es mir aus der Hand. und zerbrachen 4. Scheiben. Weil nun das Klingen die Schild= wacht allarmirete, welche sogleich was er gehöret dem Lieutenant gemeldet hätte. Überdem sodann mein zerriffenes Drat Gitter,
243 folglich auswärtige correspondenz * bey genauer visitirung wäre gefunden worden. So redete ich den mir unbekanten Mann an und beredete Ihn sogleich, daß er gegen ein recompens von 100. Rrrth: sich sogleich von seinem Cameraden ablösen ließ in die Stadt lieff, und mir nach gegebenen Maas. nicht nur die Scheiben, sondern auch einen Glaser diamant mitbrachte; womit ich mein Fenster eben zu Stande gebracht hatte, da man um 8. Uhr zur gewöhnlichen visitation kam. Meinen Granadier aber, der vor Freude weinete, weil er Sieben Kinder hatte, habe
244 ich seitdem nicht mehr gesprochen. * Gegen Medio July erschien hierauf der Herr Obriste von Asseburg nebst dem Captain Bilau, und einem Auditor in meinem Gefängnis und hielten ein Verhör, dergleichen wol noch nie in Chrystlichen Ländern erhöret worden. Man frug mir nemlich criminali modu. Ob ich wüste daß ich zu Glatz echappiret, warum ich daselbst arrestiret

gesessen, und warum mir der process in effigie formiret worden. Item ob ich nicht dem Könige einen Officier mit mir entführet, auch hier Desselben Soldaten von ihrem Eyd, und Pflicht abwendig gemacht hätte, und andere dergleichen gravaminations puncta mehr. Wenn ich aber meine defension, und gründlichen Gegenerweiß dieser gottlosen, falschen Beschuldigungen umständlich vorbringen wolte; So war des Herren Auditors Antwort. Das * gehöret nicht hieher, denn es ist nur die Frage de facto, nicht 245 de acusatione. Und wir müssen zum Essen gehen, nicht aber hier mit vergeblichen Dingen die Zeit hinbringen etc. Auf diese Art ward ein Verhör innerhalb zwey Stunden geschlossen, welches de jure wol zehn Sessiones erfordert hätte. Und wie ich allererst vor Kurzem zufällig erfahren habe so ist so gar über dieses partheyische Verhör, ein dergleichen Kriegs Recht gehalten worden. Ob man aber über ein summarium, ohne Anhörung der defension, noch Zeugen des beklagten ein Urtheyl in criminali fällen könne, ist in allen * Rechten der Welt, negative beschlossen. Ob hingegen 246 nach Verlauff von 12 Jahren a die imputati facti, noch die actio criminalis in †) rigore wider einen Inquisiten Statt finde, welchem die inquisition zu rechter Zeit, da er sie gesuchet, und sich noch purgiren konte, abgeschlagen worden; ist eine Himmelschreyende Unbilligkeit. Nichts desto weniger erbiete ich mich dennoch nach bereits verlauffenen 15. Jahren meine Unschuld, ohnerachtet meine Zeugen alle im Grabe sind bey einer gerechten Untersuchung gründlich zu erweisen, und mein Recht wie ein Held zu gewinnen.
* Daß diese Commission zugleich einseytig, ohne Zuziehung meines 247 Fori Competentis, folglich total partheyisch gewesen, auch wider alle Militair, und civil Gesetze, ohne Beobachtung meiner exceptionen Fori, et Judicis, folglich so gar mit Beleydigung der

---

†) Verwischt und unleserlich.

Völcker Rechte gehalten Worden, ist eine ausgemachte Sache. Ohneractet mir nun nicht bekannt ist, ob, und was wider mich gesprochen worden, so bleibt doch alles was von dieser Commission 248 beschlossen seyn mag ob ange= * führten Ursachen willen, an, und vor sich eine Nullitaet. Haben aber die Herren so dabey ge= sessen, mir dennoch durch ihren †) schaden gethan, und entweder aus Dienstepfer meine Rechte nicht kennen wollen, oder als Ja Herren Unbillige †) mit gelassenen Augen nachgesehen, und da, geschwiegen, wo sie hätten sprechen, hingegen da blut Urtheylle gesprochen wo Sie mit Erstaunen hätten schweigen sollen: So mögen Sie es auf ihrem Gewissen tragen, sich vor großbenckender 249 Welt * schämen, und von dem gerechten Gott ein gleiches Urtheyl erwarten. Wenigstens ist gewiß, daß durch diese Commission, welche ich mir sowol von meiner Souverainin, als von Ihro Mayestaet dem Könige erbeten, und durch meine Freunde er= bitten lassen, kein unpartheyisch sondern nur ein Machlavellisch scheinbares Recht zu Vergrösserung meines Verderbens admi= nistriret worden; wovon ich unsichtbahre Folgen urtheylle: die 250 sichtbare am 18! August empfand, da man meinen * Leib, und beyde Hände an einer eysernen Stange festschmiedete. Traurige Wirckung der Menschenliebe! Betrübte Folge erwarteter Be= lohnungen. Und verfluchter Anblick von einen edel denckenden Mann! Genug ich muste stille halten, und mein grausames Ver= hängnis hatte mich noch zu fürchterlicheren Mishandlungen auf= behalten.

den 20! August kamen also die Rabische Herren Stabs Officier zur visitation, und weil man zu unvermuteter Stunde 251 * zu mir kam so konte ich die Rechte Hand nicht geschwinde genug wieder in die Eysen bringen, aus welche ich sie, weil ich kleine

---

†) Verwischt und unleserlich.

Hände habe, beyde abstreiffen konnte. Es war also gleich ein grosser allarm. Der Schlosser aber dem ich bey Gelegenheit am 26! Juny zuvor 20. Louisd'ors in die Hand gedrücket hatte, wuste seine Sache dennoch so zu machen, daß nach viellem Klopffen, und Hammern gleichwol alles im alten Stande blieb.

* Ein gleiches Unglück begegnete mir kurz darauf mit dem 252 Schlosse das an der Fus Kette war, welches offen gefunden ward, da ich es mit meinem Schlüssel unvorsichtig verschlossen hatte. Man nahm es also weg und schloß die Kette mit einem schwachen Hacken oder so genandten esse. Hier gerieth ich aber auf einen Gedancken, der mir nützlich war. Ich bog nemlich den Hacken auf machte mich los, nam die Schelle vom Fus, und wetzte mit einem Stücke Stein das ausgeschnittene Creutz, wo die * Kette 253 durchläufft, in einer Nacht entzwey, so daß ich die darauf gestecke capsel mit samt der Ketten hinunter streiffen konnte, sodann klopffte ich meinen Hacken wider zusammen, und konnte mich so künstlich losmachen, daß kein Mensch etwas sahe, noch zu sehen vermögend war, weil die capsel von aussen ganz blieb. * Ich muß 254 hier noch erinnern daß ich einstens die Grosmut der hiesigen Obrigkeit versuchen wollte, da die Regimenter noch hier waren. Zu dem Ende meldete ich freywillig daß ich aus meiner Hand=schelle mich losstreiffen, und die Schraube an der Krampe auf=machen konte, folglich noch keine Stunde in Ketten geschlafen hätte. Allein statt gehofften Vortheyls, begegnete man mir eben so hart, als ob es bey der visitation wäre gefunden worden. Gegentheyls ward die Handschelle mit spitzigen Sta= * cheln zu 255 meiner grösten Unbequemligkeit eingefeilet, und meine Offen=herzigkeit als eine bravirung ausgelegt. Ich ließ aber forthin meine generositaet bleiben, und bestärckte meinen Vorsatz der Unbilligkeit mit Arglist zu begegnen. Wiewol ich hieran keinen Nachtheyl hatte, weil ich das Schloß öfnen konnte.

Ich kehre nun wieder zu den Zusammenhang meiner obigen Erzehlung, und melde, daß ich, weil ich durch die Schildwacht 256 * keinen Sand mehr hinaus schaffen konte, dennoch aber ohne mehr Raum zu machen ohnmöglich bis in die Minen zu graben vermöchte folgende Erfindungen machte. Ich goß an den Mauern herum Wasser, und bewog den Herren Obristen v Raab dadurch, daß er alle 4. Tage frischen Sand einschütten ließ. Wodurch ich Gelegenheit bekam daß ich nicht nur allezeyt etliche Pfund aus meiner Sand Büchße dazu schütten sondern auch die Schnitte 257 im Fus Boden wegen des darauf liegenden Sandes nicht * konnten gesehen werden. Ich machte auch in das Drat Gitter über meinem Fenster, welches ich zuvor aushob, und allezeit wieder wol befestigte, ein kleines Loch Durch welches ich täglich ein paar Pfund Sand in mein Vorgemach hinaus warff, welches ohnvermerckt weggekehret wurde. Zugleich machte ich täglich von einer Thon Erde, die ich unter dem fundament des Walles fand kleine Würste, s: v: dem Menschen Koth ähnlich. Diese trocknete ich auf dem 258 Ofen * und warf sie nicht eh in den Leib Stuhl, bis man des Morgens die Thüren öfnete, damit sie nicht von einander fielen Auf diese Art wurden gleichfalß täglich ein paar Pfund von dem Arestanten ohne Argwohn weggegossen.

Die Hauptarbeit aber war diese; Ich schnitte die ganze Bohle an der Fenster Mauer viermal durch; hob Sie auf, und schnitte die darunter liegende zweyte ganze Holz Lage in die breitte durch. 259 Hierauf war ich Willens eine * Bohle nach der andern hervor zu ziehen in kleine Stücken zu schneyden, und auf diese Weise den ganzen untersten Boden in meinem Ofen zu verbrennen, von dem ich die Decke abnehmen und wenn des Calefactors Holz ausgebrannt war, mit dem meinigen tapfer nachheitzen konnte. Hiedurch hatte ich in meiner Mine ein mercklliches avanciret, weil ich den vom Holze ledig gewordenen Raum mit Sande wieder anfüllen konte. Das Werck ging * auch so frisch von statten, daß ich im folgenden Frühjahr ohnfehlbar, auch ohne Hülffe einer Schildwacht entwichen wäre. Die Arbeit aber geschahe mit denen †) Zoll langen und eines Fingers breitten Nägeln, dergleichen ich gegen Zwanzig aus dem damit festgenagelten Fusboden auszog und zwar durch Hülffe meiner eysernen dazu sehr geschickten Stange an den Händen, ohne welche es unmöglich hätte geschehen können. Ich berichte auch hiemit beyläuffig, daß * diese Stange mir zu aller meiner Arbeit, besonders im folgenden Jahr, zum Mauer brechen mehr nützlich als hinderlich gewesen ist, und man mir nur damit neues Gewehr in die Hände gegeben hat, da am 26! Juny alle meine instrumenta gefunden wurden, und verloren gingen. Die ob erwehnte Nägel aber sind von so guten Eysen, und so beschaffen, daß, wann ich ihn an dem Ofen scharf gewetzet habe, Ich mich erbiete innerhalb Zehen * Stunden alle meine Thüren mitten durchzuschneiden. Mein Glück dabey war, daß ich noch bey 10. Pfund Wachs Lichter vorräthig verwahret hatte, womit ich die Ritzen wie erwehnt, unsichtbar machen konte. Das stück Bole aber, welches am 26! Juny gefunden, und nur schlecht zugenagelt war hatte eine zwey Finger breitte Ritze, die ich aber nicht verschmierete, weil jedermann muste daß es etwas altes war.

Ich aber hatte mir diesen Vortheyl zu Nutze gemacht, und darunter den ganzen Boden durchschnitten, auch * einen canal mit Wegbrechung der fundamenta dahinaus gemacht, wo ichs im Junio machen, wollte um auf allmaligen Fall mit der Schildwacht correspondiren zu können. das Loch aber war wieder mit Sand ausgefüllet Am 1! December aber geschahe die Entdeckung davon auf folgende Art.

260
261
262
263

---

†) Verwischt und unleserlich.

Der Herr Obristieut von Sidow hatte als ein alter Mann von schwachen Gedächnis vergessen daß diese Bohle einen Schnitt hätte, wie es ihm auch war überliefert worden. Und weil man 264 dazumal * den Boden fast gar nicht visitirete. so kam ihm diese Ritze als etwas neues vor, da sie ihm ohngefehr ins Auge fiel. Der Lieutenant von der Wacht, Unter-Officier, und Calefactor bedeuteten ihm zwar, daß dieses schon so von denen vorigen Officieren überliefert worden, und der Ort sey wo ich im Junio ausbrechen wollen; Ich zeigete ihm auch die grosse Nägel die man um es wieder zu beveftigen dreingeschlagen, und die zwar 265 von auffen mit den Köpffen richtig aussahen. * inwendig aber keine Haltung hatten, und allenfalligen visitirens Halber von mir nur los eingesteckt waren. Da sich nun der Calefactor buckte, und Ihm zeigen wolte was die Nägel vor grosse Köpffe hätten, folglich auch sehr fest hielten, und deßhalb mit dem Finger daran griff, fand er ihn los, folglich holete man eine Axt, hob die Bohle auf, und fand darunter mein Handwercks Zeug, und etwas geschnitten Holz. Ich lehnete aber dennoch den Verdacht als ob es eine neue Arbeit sey von mir mit der Erfindung ab, daß 266 nemlich das daneben stehende * gleichfals abgeschnittene, und von mir selbst festgenagelte Stück der Bole, dasjenige sey welches man im Junio gefunden, dieses aber, als das rechte Loch wodurch ich hinaus gewollt, hätte man damals nicht entdeckt, weil man nicht weiter nachgesucht. Diese Warscheinligkeit wurde geglaubt, besonders da meine Ketten nach genauer visitation von zwey Schmieden richtig, und ganz befunden †) ohnerachtet ich los war 267 wenn ich wollte. Nichtdesto weniger liessen mir der Herr * General von Borck Dero außerordentlichen Haß gegen meine Person, in niederträchtigen Schimpf Worten empfinden, die ich aber, als ein

---

†) Eine unleserliche, ganz verwischte Stelle.

Mann welcher die wahre Ehre von der Scheynbaren zu unterscheiden weiß, von meinen Ketten zurück prallen sahe, und als ein wehrloser Arestant gar nicht fühlte. Das Loch aber ward auf eine Art zugemacht, die mich noch gegenwärtig lachen machet. Der Calefactor muste nemlich bey 4 Fus tief die Erde hinaus werffen, und * den Raum nicht wieder mit Erde, sondern mit Steinen ausfüllen, die ihm von auffen zugetragen, und ohngemauert einer auf den andern hinein gelegt wurden. Hierauf muste der Schlosser das Brett wieder drauf legen, und mit 4. Nägeln festnageln. Weil es aber spät am Abend war, ließ man die ausgeworffene Erde im Kercker liegen bis auf den andern Morgen Kaum waren die Thüren verschlossen, so machte ich meine glücklich verborgen gebliebene Haupt Mine bey dem * Ofen auf, und warff bey 3. centner Sand zu dem Hauffen hinaus. welcher am andern Tage auch ohnvermerckt mit weg getragen wurde. Es erschienen auch neuerdings Zimmerleutte, und Mauermeister, welche genau visitirten aber nichts funden, weil ich alles vorsichtig verschmieret hatte, welches doch zu bewundern, weil damals wircklich noch Sieben Qwer Schnitte durch die Bohlen unentdeckt blieben. Ich erhielt also durch dieses Unglück * noch den Vortheyl, daß man mir selbst eine Last Sand herausschaffen halff. Der Commendant aber gab Befehl daß sogleich um das Gefängnis herum, palisaden 6. fus tief in die Erde gesetzet werden sollten. Und ich hörete vor meinem Fenster folgende Worte sprechen: Hernach mag er zum Teufel graben wohin er will, so ist es platterdings ohnmöglich hinaus zu kommen. Hierauf sagte ich dem Herrn Obristen von Raab, man möchte diese vergebliche Unkosten ersparen, weil ich neben den palisaden unter dem Walle am leichtesten hinaus könnte. Und wenn der Commendant mir eine honno- * rable Begegnungs Art verspräche, so wolte ich ihm zeigen, daß ich, nachdem diese palisaden schon gesetzet wären, auf

4

seine Ordre innerhalb 4. Stunden draussen, frey im Graben stehen würde. Allein man hielt es vor rodomontade und ohnmöglich. Wiewol ich am 1! September 1757. darauf die Möglichkeit wircklich gezeiget habe: Ich machte auch andre Vorschläge meine person betreffend, die zu der Zeit Ihro Majestaet dem
272 Könige wichtige Vortheylle hätten zu Wege * bringen können, es fehlete mir auch warhaftig nicht an guten Willen mich in allem blos zu setzen, und meine intrigues zu endigen Allein, es war kein Gehör zu erbitten, weil man vom unglücklichen Trenck nichts raisonnables vermutete. Und ein jeder rief nur Creutzige Creutzige. Wie denn auch die niederträchtigste, verächtlichste, und schändlichste Begegnungs Art mit mir von dem Tage anfing, da die Regimenter in das Feld marchirten. Deren Herren Officiers mir
273 noch allezeit mit möglichster * consideration begegnet hatten. Welche aber total aufhörete. So, daß diejenigen, die da wusten, was mir bis diese Stunde widerfahren, und ich hier schweigen muß, sich über die Grösse meiner Gelassenheit verwundern, über das was ich ertragen, erstaunen, und mich über meine Unternehmungen nicht tadeln sondern daß ich zu wenig Glück gehabt, bedauern würden. Ich setzte also meine Arbeit fort, und am 10! December machte ich aus praecaution den in den Wall führenden Canal forne her zu, damit, wenn allenfalß bey täglich
274 genauer visitirung, das Loch im Boden gefunden würde * mir noch diese Hofnung überbliebe. Allein weil man genau auf mich Acht gab, und mich ohne den Klang der Ketten, hin, und wieder gehen gehöret hatte, welches schon öffters bemercket worden, so kam man mir Abends um 10 Uhr ohnvermutet auf den Hals, und fand meine Grube offen, mich aber von Ketten los, ausser die lincke Hand nicht die ich in der Geschwindigkeit eingestect, und ihnen glauben machte daß ich sie nicht hinaus bringen könte. Welche kurze Erfindung mir auch so viel half, daß die Hand

Eysen blieben wie sie waren Der Schlosser aber muste mir sogleich ein Halß Eysen, welches schon zur Vorsorge im Voraus fertig war anlegen. * Ich war nun hieben, da ich meinen Haupt Canal entdecket, und folglich alle Hofnung zu eigenmächtiger Rettung verloren sahe, so bestürzt, daß ich sogleich zum letzten Schluß griff, und eine doppelte dose calcinirtes aqua Toffana welche mir ein specieller Freund unter denen Wiennerschen Hof Patribus Jesuiter, im vorigen Jahr auf mein Verlangen zugeschickt, aus dem Bande meiner Bibel hervor zog, und hinunter schluckte. Doch wie gros war mein Vergnügen, und Bewunderung zugleich, da der Herr Obriste v: Raab so unvorsichtig war, und ohne den Canal im * Wall zu sehen, ohne ferneres Nachforschen, auch ohne sogar das Loch ausfüllen zu lassen, nur die Bohle wieder fest nageln, und sich auf mein neues Halß Eysen verlassend, nach Hausse ging. Es blieb also vor mich alles im alten, weil ich noch allezeit wie vor in meine Mine kommen konnte. Mein eingeschlucktes Gift gereuete mir also, Ich zwang mich zum Brechen, und weil die ganze dose, nur in der Grösse zweyer Erbßen war, die ich mit samt der donina †) einer gewissen Fisch Blase, worinnen es nur allein zu conserviren ist, geschlucket hatte, so ging sie auch glücklich wieder hinaus * ohne Wirckung, weil das bläßchen, oder Behältnis davon in der kurzen Zeit sich im Magen noch nicht geöfnet hatte doch war ich die Nacht über in Zweiffel, und erwartete wircklich den Tod, bis ichs am Morgen ohnversehrt wieder fand. In eben der Nacht begegnete mir ein wunderlicher Zufall. Mein Halß Eysen welches bey drey Zoll breit, und so enge war, daß die Adern am Halße nicht fliessen konten, machte mir unsägliche Kopf Schmerzen. Da ich mich nun in schwermütigen Gedancken im Bette aufrichtete, fiel die Kette von sich selbst hinaus,

---

†) Sic.

278 und mein Würg Eysen war offen. Es kam mir * anfänglich wie ein Traum vor, Allein am Tage sahe ich, daß es ein Zeichen der Danckbarkeit des Herren Schlossers war, vor die Ihm im Sommer wie oberwehnt geschenkte 100 Rrrth. Es war auch wircklich so künstlich gemacht, daß ich es nach Gefallen auf, und zu machen konte, ohne daß es möglich war zu mercken. Ich war also von neuem vergnügt, weil ich von der neuen Fus Schelle mich ebenfalß so leicht als zuvor los zu machen vermögend blieb. Weil nun der Herr Obriste v. Raab etwas Vorlaut war daß ein neuer Boden sollte gelegt werden, so zog ich im voraus
279 * etliche grosse Nägel heraus, womit ich ihn wieder durchschneiden konte, und versteckte Sie hin und wieder in der Mauer, wo ich kleine Löcher dazu hatte. D. 15! Xcember†) wurden auch wircklich neue Bohlen, über die Alten gelegt, und folglich ward der Boden dreyfach. Mir aber ward meine Arbeit dadurch zwar verzögert, aber dennoch nicht verhindert. Gleichwol muste ich eine Zeitlang den neuen Boden ganz lassen, um vorher zu observiren, wie, und auf welchen Ortern man am genauesten visitire. Inzwischen fand sich im Januario ein neuer Glücks Stern vor mich,
280 denn ich machte genaue Bekandschafft * mit einer Schildwacht vom Rabischen battallion, der ein Leipziger Student, und listig auch verwegener Mensch war, dazu gut Lateinisch und Französisch sprach, und selbst mein Erretter zu seyn sich erbot. War auch so geschickt, daß er meine correspondenz der Hindernisse des Krieges ohnerachtet glücklich hin und wieder führte, auch einen Canonier auf Seine Seytte bekam, der vollkommen mit mir einstimmete. Kurz meine Sache war durch Hülffe meines Geldes schon so weit gebracht, daß ich Anfangs Martij ohne meine Mauer, noch Fus Boden zu brechen, ohnfehlbar glücklich aus dem Sterne

---

†) So statt Xber b. i. December.

echappiret wäre, wenn nicht das * Rabische battallion medio 281
Februarij ohnvermutet hätte marchiren müssen, und meine
Hofnung dadurch neuerdings zu Wasser ward. Die Umstände
davon darf ich hier nicht berühren, genug wenn ich sage, daß
ich ein paar Leutte auf meiner Seytten hatte, die ich nicht besser,
noch geschickter wünschen konnte, und meine Flucht leichter, sicherer,
und näher war, als es mein Leser glauben kann. Den 15 Fe-
bruary 1757 begegnete mir dazu folgender widriger Umstand.

Ich legte mein Halß Eysen ab, und nicht wieder an, als
wenn man die Thüren aufschloß. Da nun an diesem Tage * der 282
Major visitiren kam, fiel mir die capsel vom Halsbande aus der
Hand, und da ich dießelbe nicht so geschwinde finden konte so
fand man mich looß. Um nun den Schlosser nicht unglücklich zu
machen, nahm ich die Schuld auf mich, und sagte, ich hätte das
Loch wo die Kette in einem Hammer hing mit einem Stein aus-
geschliffen, den Hamēr aber kleiner gewezt, damit er durchfiel,
welches ich deßwegen gethan, weil das Halß Eysen zu enge, und
zu breit wäre und ich wüste daß mich der König * nicht wolte 283
würgen, und drosseln, sondern nur gut bewachen lassen. Es kam
also d. 16! darauf der Herr Obriste von Sidow mit einem
neuen Grob Schmid an, und legten mir die neuen ungeheure
Halß, und Fuß-Eysen auf den Leib, die ich noch gegenwärtig
trage, wobey der Wachthabende Fähnrich Knecker Gelegenheitt †)
sich an mir zu rächen, und verursachte daß statt der kleinen Kette
vom Leib Ringe die grosse Holz Kette an meinen Halß gehenckt
wurde. Sein Haß gegen mich aber kam daher, weil ich aus Not
und Hunger gezwungen war mich einst bey dem Obristen über
ihn zu beschweren, weil er mir den ganzen * Winter durch nicht 284
einheizen ließ, und mein Holz verkauffte, mein weniges Mittags

---

†) Ein nachträglich dazwischen geschriebenes Wort ist unleserlich.

Essen aber bey Seiner Wacht allezeit im voraus halb ausgefressen von denen Calefactors herein kam. Genug hievon; die Rabische marchirten, und d. 18! Febr: kamen die Obrist v. Wegnerische Herren Stabs Officier hieher zur Visitation. Der neue Unfall wo ich meinen Rabischen Musquetier, und wenig Tage darnach auch den Canonier verlohr, der an die Regimenter abgegeben
285 ward, machte mich * nicht ohne Ursach schwermütig und aus der wunderlichen Schickung, da meine Anschläge allezeit zernichtet wurden, wenn Sie der Ausführung am nächsten zu seyn schienen, gerieth ich auf die Gedancken daß mir das Obere Wesen entgegen seyn müfte. Ich faßte also den Entschluß ruhig zu bleiben, und mein Schicksal abzuwarten. Welches ich auch bis zum ersten July vollkomen hielt. Da ich aber im Früh Jahr sehr kranck war
286 und den Commendanten um Gottes Willen bitten ließ * mir nur das ungeheure Hals Eysen so lange abnehmen zu lassen, bis ich gesund würde, weil ich harter blessuren wegen im Kopffe die auch der Doctor Kesler visitirte, unerträgliche Migraine, und wütende Kopf Schmerzen leyden müßte allein die harte unchrystliche Antwort bekam, Er wünschte daß ich in Ketten verfaullen müßte, so faßete ich den Entschluß neuerdings lieber alles zu wagen, als in meinen Mord Eysen zu sterben. Hierzu kam
287 noch daß man von neuem anfing mich * mit Hunger zu plagen, und meine Kost von 4 gr. auf 2 gr. herunter setzte, ohnerachtet noch bey dem Hr. Platz Major meine goldne Uhr, auch etwas von dem Gelde so ich selbst hergegeben vorhanden war. Ich berühre hier zugleich beyläuffig ob es billig sey, daß der Herr General v: Borck am 10! December, da ich freywillig von meinem versteckten Gelde 10 Rrth. zu meiner subsistenz heraus gab, dießelbe der Wacht schenckte, und mich Hunger leyden ließ!

Ich machte also den Anfang mich von meinen Ketten los zu
288 machen, da dieses aber nicht füglich ohne Feylle * geschehen konte,

so muſte ich von neuem bekandſchafft ſuchen. Ich fand auch gleich
was ich verlangete. und ein Musquetirer vom Wegneriſchen
Regiment ſteckte mir auf einem Stock den ich wie gewönlich von
meiner Bettſtelle abſplitterte eine kleine Feylle durch das Drat
Gitter zu, wovor ich ihm zwey Louisdors gab. Weil aber mein
Geld total auf der Reige war, und ich dieſen jungen mir flüchtig
vorkommenden Menſchen erſt auf die probe ſetzen wollte ſo gab
ich ihm ein billiet hinaus an die Grenadier Frau Gebhartin,
laut welchem er von Derſelben 12. Louisdors em= * pfangen, 289
davon die helffte vor ſich behalten, die andern 6. Stück mir aber
bey nächſter Wache behändigen ſollte. Nach dieſem abgelegten
Prob Stücke hätte ich ihm ſodann mehr vertrauet. Kaum aber
hatte er dieſe 70. Rrth: in Händen, ſo muß er geglaubt haben
reich genug zu ſeyn, und da er wieder zu mir auf den Poſten
kam, verſtellete er ſeine Stimme, gab mir keine Antwort mehr,
und weil ich genau acht gab, ſo hörete ich daß er mit * einem 290
Canonier von desertion ſehr vertraulich ſprach, woraus ich ſeine
Abſicht merkte. Er hat auch, weil er mit dem Gelde nicht um=
zugehen wuſte ſeine Sache ſo grob gemacht, daß er viſitiret, und
weil man ſo viel geld bey ihm fand als ein verdachtiger Dieb
arreſtiret, doch vergebens inquiriret wurde, weil man auf mich
keinen Verdacht hatte Indeſſen, weil er ſich nicht legitimiren
konnte, blieb er in areſt, bis ſich im September der Umſtand
entwickelte den * ich beſſer unten erzehlen will. Weil ich ihn 291
aber gar nicht mehr hörete, ſo vermutete ich er wäre deſertiret.
Indeſſen hatte ich doch meine Feylle, durch deren Hülffe ich mich
von meinen Ketten ſo künſtlich los, und vor dem viſitiren alle=
zeit wieder feſt machte, daß des täglich dreymal ſehr genauen
Nachſehens ohnerachtet, niemand etwas merkte, noch vermerken
konnte. ob ich gleich beyde Hände, Leib Ring, Fus und Halß
beſonders, losfeſſeln mußte * Wovon ich die Art, wie ich mir 292

eigentlich geholffen nicht, ohne dem Leser die Ketten selbst zu zeigen beschreiben kann. Genug ich hatte mir einen Teig von Brod und Eysen Rost vom Ofen zugerichtet, welcher, wenn er etwas antrocknete von dem Eysen selbst, weder im Ansehen, noch Fühlen zu unterscheiden war.

Nachdem dieses geschehen, wolte ich mein altes Loch an dem Osen wieder aufbrechen, wo bereits so viel Sand hinaus war
293 daß ich füglich meinen Canal bis in die Haupt Mine des Walles endigen, und sodann auf bereits beschriebene * Art aus dem Sterne sicher entweichen konnte. Allein der gottlose Musquetirer von Wegner der mir die Feylle gegeben hatte mich belogen, und da ich mit ihm von der Lage meines Gefängnis eine Unterredung hatte, gesaget, daß in den Wall seitwerts zur linden gleichfals eine Thüre, und Gang in den Wall hinein ging, welcher nicht so weit entfernet von mir wäre als der hintere. Er muste mir also
294 im Augenblick abmessen wie weit diese Thüre von * mir entfernet sey, und gab mir den Bericht, es wären von meinem Hauße, bis an die palisaden im Graben 8. Fuß. und von da, bis zur Thüre just eben so weit. Warum mir aber der Böhewicht die Unwarheit gesagt, kann ich noch nicht begreiffen, denn es ist nicht 16, sondern 33 Fuß bis dahin; Diese Nachricht nun, setzte mich in das vollkommenste Vergnügen. weil ich leichter borthin, 16 Fus weit, als in die hintere Mine 32 Fus graben konnte. Nach gemachter Über
295 * legung faßete ich also folgenden Entschluß. den ich auch auf diese Art in das Werck setzte. Ich schnitt durch Hülffe eines Nagels die Bohle an dem Winckel unter der Krampe mitten durch: sodann machte ich den Schnitt unten weiter als oben, damit er oben dichte zusammen stieß, welches ohnvermerckt geschehen konte, weil ich Sie von der Mauer anrückte. da die Bohlen ohnedem sehr Ungleich und unvorsichtig gelegt waren, indem einige
296 * wol zwey Zoll von der Mauer abstunden. Dieses machte ich

mir zu Nutzen, und der accurat zusammen stossende Schnitt war um desto leichter mit brod, und Staub unsichtbar zu machen. Ob ich gleich keinen Wachs mehr zum verschmieren hatte. Damit aber das Brett bey dem täglich genauen visitiren nicht hohl klingen, oder gar los gefunden werden möchte, so klemmete ich allezeit, von beyden Seytten, kleine Steine, und Holz Späne mit Gewalt dazwischen, welches eben verursachte, daß so gar die Zimmerleutte sich mit der falschen Probe des Hohl Klingens so oft, in meinem Kercker, und allezeit betrogen haben. Hierauf durchschnitt ich, wiewol mit viel Mühe auch die untere noch doppelte Bohlen. und warf den Sand etwan 4 Fus tief hinaus. machte eine communication, unter dem Boden, zu meinen alten bereits 18 Fus tieffen Canal unter den Wall, und füllete *denselben mit dem Sande aus der neuen Grube so fest als möglich voll, dennoch konnte ich kaum halb so weit in der andern avanciren, weil man den Sand nicht so fest wieder einstopffen kann, als er von natur gewachßen liegt. Und hiedurch verlohr ich schon viel Raum, hatte auch 10 tage Saure Arbeit damit. Weil nun der Wall nur einen Fuß, mein Gefängnis hingegen drey Fus tief Fundamenta in der Erden hat, so brach ich durch Hülffe meiner eysernen Stange wo= *ran die Hände gefesselt sind dieselbe weg und machte sie mit dem Walle gleich. Ich erinnere hier beyläuffig daß ich ohne diese Stange diese ungeheurig grosse Steine nicht hätte brechen können, folglich hat man mir selbst das Gewehr in die Hände gegeben. Hierauf nahm ich diese Steine, samt denen welche mir am 1! December wie pag: 268 erwehnt waren hinein getragen worden, mauerte mir damit das Loch auf allen 4 Seyten aus, wo ich von oben *hinunterstieg, damit mir der Sand darinnen nicht nachschiessen konte, und führete meinen Canal erst gerade durch mein Gefängnis, sodann aber seytwerts, unter benen Fundamenten des Walles fort, doch so, daß ich

allezeit am äüssern Rande im Graben blieb, wo ich neben den Steinen kleine Mauß Löcher zum Luft Schöpfen hinaus wühlte. Allein das durch die Steine gebrochene Loch war doppelt so weit gerathen als ich gewollt, und dadurch das hin, und wieder
301 * Kriechen in der Krümme, wo sich der Canal wendete fiel immer mehr Sand nach; So daß ich kaum 6 Fuß weit unter den Wall avancirete, da alle mein so lange Zeit, und mit so viel Hülffe, Künsten, und Gefahr gewonnener Raum angefüllet war, und ich ferner nicht wuste wo ich mit dem Sande den ich noch auszuraumen hatte hin sollte. Weil nun mein Bette damals nicht so
302 genau visitiret ward, so nahm ich die Einschüttung des * Oberbettes, und der Kopf Küssen, schüttete die Federn in den Bezug, den ich wol zunehete, und machte Sand Säcke daraus, wozu ich zuletzt da es die höchste Not erforderte, auch den Stroh Sack und Lacken gebrauchte. Die Nadel dazu war ein kleiner Nagel, und den Zwirn machte ich aus der Leinwand. Durch diese Hülffe avancirete ich glücklich bis auf 13 Fus ausser meinem Gefängnis, folglich meine beyde Mauern mit gerechnet, auf 20. Fuß. Allein wie erschrack ich, da ich bereits an der Mine zu seyn glaubte,
303 und allererst die * im Graben stehende palisaden, die an der Mauer dichte an stunden mit der Hand griff, folglich nur die helffte meines Ziels vollbracht hatte, und erkannte daß mich der letzte Freund mit seinem rapport betrogen hatte. Ich kratzte hierauf ein klein Loch hinter diesen pallisaden hinaus in den Graben, wodurch ich die Thüre wircklich noch auf 18. Jus weit von mir entfernet sahe. Was war hiebey zu thun. Es war eben am 30! July. und da ich am 1 August ausbrechen wollte,
304 weil ich, wie oben pag 226. erwehnt * allezeit am 1! des Monaths auswärtige Hülffe draussen vor dem Schlag Baumme zu hoffen hatte. so fassete ich nach gemachter Uberlegung folgenden Entschluß. Ich wolte nemlich hinter denen pallisaden in den Graben hinaus

kriechen, sodann das Schloß vor der Minen thüre, durch Hülffe meiner Feylle, oder brech-Stange, oder andern selbst dazu fabricirten Schlosser instrumenten öfnen und sodann mich bey der andern Thüre unter der Brücken ausschneiden. Alles ward also dazu praepariret, Doch weil an diesem * Tage der Herr Hauptmann von Holzkammer, die visitation hatte, der mir jederzeit als Menschen Freund, in so weit es Seine Ordre zuließ, begegnet hatte, so wollte ich Wolthaten nicht mit Undanck belohnen, und verschob hauptsächlich deßhalb meinen Ausbruch auf den 1. Sept†), in Hofnung bis dahin meinen Canal bis in die Mine selbst fortzusetzen, und sodann desto sicherer zu echappiren. Ich glaube aber gewiß daß ich am 1! August glücklich entkommen wäre, weil es in dieser Nacht starck regnete und stürmte folglich die * Schildwachten um so viel weniger hätten aufmerken können. Ich rastete also etliche Tage, und fing hierauf eine Arbeit an die ich meinem Leser nicht zu beschreiben vermag. Genug, wenn ich sage, daß ich dergleichen weder unternehmen, noch ausführen könnte, wenn mir auch jetzt die wirckliche Freyheit davor versichert würde. Denn um 4 Uhr Nachmittags konnte ich erst anfangen zu arbeitten. Da muste ich sodann erst die Grube wo ich hinunter stieg, und die voll Sand gefüllet war mit einem Teller, oder becher, was ich hatte, auf dem Bauch liegend 4 Jus tief ausschöpffen und den Canal vorne ausraümen, welches fast zwey Stunden erforderte; sodann musten anfänglich 20 zuletzt gar 40. * Sand Säcke, davon einige wol 150 Pfund schwer waren, einer nach dem andern hinaus geholet werden. Wozu ich mich allezeit wie eine Schlange zusammen bücken muste um in das Loch zu kommen, hernach aber auf dem Bauche forwerts, und rückwerts mit den grossen lasten fortkroch, auch nicht einmal die

---

†) Undeutliche Abbreviatur.

Füße gegen stemmen durfte, damit der Sand, und Steine nicht nachschossen, folglich die ganze Arbeit mit Brust, und Kopf verrichtete, weil ich, wegen Enge des Loches nicht einmal auf den Ellenbogen kriechen konnte. Sodann konnte ich erst weiter miniren, 308 welches mit denen blossen fingern geschehen mußte * aus Furcht vor denen Schildwachten, bey deren Füssen es geschahe gehöret zu werden. Den loos gekratzten Sand, sodann in dem engen Loche in einen Sack zu füllen, und um jedweder 10. Pfund halber so weit auf dem Bauche zu kriechen, war auch mehr als beschwerlich. Kaum war ich auf die Art einen Fus weit avancirt, so mußte ich die Säcke wieder mit dem Kopf hinein schieben, wobey ich NB. das schwere Halß Eysen, das ich ohne Gefahr nicht los machen durffte, auf dem Halße trug. hierauf aber erst den Sand vom Boden wenigstens zwey mal mit einem Stück vom Peltze rein wegkehren, alle Ritzen aber vom ganzen Boden, 309 wo der weisse Sand sehr * sichtbar war, mit schwarzer Erde verstreichen, und dann erst meine Ketten, die mir wol eine Stunde Arbeit machten, in Ordnung bringen. damit am Morgen bey der visitation alles in gehöriger Ordnung gefunden ward. Auf diese Art, da ich 17. Stunden, ohne einen Augenblick zu rasten beschäftigt war, ist leicht zu urtheyllen wie mir zu Mute war wenn ich 48 Stunden darauf wieder das Werck angreiffen muste. Mein Leib sahe dabey einem Lazaro gleich

365 *Mein Leib sahe dabey einem Lazaro gleich, denn weil ich das Hembe nicht schmutzig machen durfte, in dem dicken Frisnen Rocke aber gar nicht hin, und wieder kriechen konte, so muste 366 die ganze Arbeit mit nackenden Leibe * in dem nassen Sande geschehen, folglich war der Rücken von den scharffen Steinen aller Arten verwundet, die Ellenbogen, Brust, und Finger aber auf dem Sande abgeschunden. Nichts desto weniger hatte ich dabey

keine andre Krankheit als Hunger, weil ich eben damals Magre Kost hatte. und bey saurer Arbeit viel essen wollte.

Allen Schwierigkeitten ohneracht brachte ich mein Werck dennoch zu stande, und weil ich nicht wuste wo * ich mit dem Sande hinaus sollte, so füllete ich in den letzten Tagen den Ofen, auch endlich gar die Bettstelle damit, in die ich wol 6 Centner verbarg, und künstlich verdeckte, weil nichts als Zudeck, und Kopf Küssen dazu übrig waren. Dennoch blieb ich 6. fuß weit von der Mine entfernet. Diese Haupt Arbeit verrichtete ich nun am 26! August auf folgende Art. weil ich keine Sand Säcke mehr machen konte.

Ich arbeitete nehmlich den Sand vor mir los, machte das Loch dabey so weit daß ich mit den Händen die Erde auf * der Seyten liegend hinter mir warf, die ich sodann mit den Füssen zurückschob, und kam also glücklich so weit, daß ich mit der Hand das Ende der Steine folglich in den Gang der Mine, wohin ich wollte greiffen konnte. Hier machte ich mein Loch so weit, daß ich umkehren konte Arbeittete den Sand wieder eben so zurück und kam also frölich in mein Gefängn. zurück; doch wäre ich dabey bald erstickt, weil ich hinter, und vor mir keine Luft, und mich vom Graben * in den Wall hinein gewendet hatte, damit ich nicht unter der Thüre hinaus sondern in den Gang käme. Dabey hatte ich zugleich einen Durchfall, oder diarré, und muste es in der Erden s: v: so machen, wie die Kinder in den Windeln. Ich berühre hier auch noch beyläuffig einen Unfall der mir am 20! August begegnete. Denn da ich einen schweren Sack vor mir mit dem Kopffe schob, und mit den Füssen oben gegen die Steine ansetzte * um ihn, durch den vorne sich vorgeschobenen Sand mit Gewalt durchzuschieben, so fiel eine Hauffen Steine von wenigstens 300 Pfund hinter mir hinunter. Zum Glück hatte ich vor mir Luft, daß ich mein Loch weit machen, und umwenden konte, worauf ich die herunter gefallene Steine hinter mir räumte, und sofort auch ohne Schaden herausbrachte. Doch war mir nicht wol dabey zu Mute, weil ich alle Augenblick, einen neuen Nachschuß auf meinen * Leib befürchten muste. Auch diese Schwierigkeit überstieg ich, allein die Schildwacht hatte das Raßeln der Steine im Walle gehöret, und deßhalb die Wacht allarmiret. Worauf man am Morgen meinen Boden, und Ketten sehr genau visitirete, doch, weil man nichts verdächtiges fand, wieder zufrieden war.

Am 31! August nun, war mein Vorsatz folgender. Ich wolte das Loch in die Mine hinaus brechen, sodann alle * Erde, und Säcke dort hinein werffen, um den Tag darauf weniger Arbeit zu haben. D. 1! September wolte ich gleich nach geschehener visitation, um 4 Uhr nachmittags in die Mine schleichen, sodann noch am Tage die Thüre unter der Brücken im Graben auf= schneyden, und um 11 Uhr in der Nacht dem Sterne mein längst gewünschtes vale sagen weil ich an auswärtiger Hülffe nicht zweiffeln durffte. Nun merke man die wunderliche Fügung meines widrigen * Schicksals. Da ich am 31! August in der letzten Arbeit beschäfftigt war, ereignete sich just daß derselbe Canonier bey mir auf dem posten stand, welchen am 20! August das Raßeln im Walle allarmiret hatte. Weil er nun darauf lauerte, so hatte er neuerdings das Rauschen der Säcke die ich hinaus zog gehöret. Weshalb man nicht mehr zweiffelte daß ich es seyn müste. Da ich nun in die Mine selbst kam, wo ich bereits ein klein Mausloch * Tages zuvor hinaus gewühlet, ward ich zu meinem Schrecken Licht gewahr, sahe auch bey näherer Unter= suchung den Lieutnant von der Wacht, nebst seinen Leutten, im Gange stehen, die auf mich lauerten, wo ich heraus kommen würde. Ich kehrete also mit fast unmenschlicher Arbeit zurück, machte alles wie gewöhnlich genau zu, und war eben damit fertig da man am Morgen visitiren kam. Es geschahe nun auf das allergenauste

allein man fand weder an Boden * noch Ketten nicht das mindeste. 375
Da aber das Bette solte weggeschoben werden, stand es wegen
der Last des Sandes unbeweglich. Worüber ich sodann†) alles
übrige anzeigete, und meine barbarisch saure Arbeit, die wohl mit
glücklichen Erfolg hätte sollen belohnet werden, gerieth nur neuer=
dings zu meinem Verderben.

Wunderlich aber ist es gewiß, daß man am letzten Tage, da
die Arbeit schon fertig war das Werck entdeckte, welches ich zwey
* Monathe lang mit der äussersten praecaution 30. fuß weit 376
glücklich geführet, auch so gar bey den Füssen der Schildwacht
ohne gehöret zu werden, Mauern durchbrochen hatte. Mein Leser
urtheylle also, ob die Klugheit der Menschen, und ihre Ketten,
Mauern, und Gewalt, oder die Göttliche Fügung, oder allein
mein wütendes Verhängnis mich bis auf diese Stunde in Magdeburg erhalten hat. Genug hievon! Man schmiedete mich also
von neuem * doch in eben die vorigen Ketten fest; Der ganze 377
Boden ward aufgebrochen, und alle Gruben ausgemauert. womit
man Tag, und Nacht in einer Arbeit bis den 2! Septemb.
Abends zubrachte. Ich aber erlitte die unchristliche Strafen; Daß
ich bis dahin folglich 68. Stunden auf der blossen Erden liegend,
von meiner Arbeit ohnedem abgemattet, ohne Schlaf wachen muste.
Sodann muste ich ohne Strümpffe, entkleydet, wie ich bin * ohne 378
Stroh auf dem von denen Maurern benetzten Boden, ohne einmal
ein trocken Brett unter dem Kopffe zu haben mit meinen fürchter=
lichen Mord Ketten sitzen, und den Kopf an der feuchten Mauer
stützend schlafen. Und die Schildwachten bekamen die Ordre mich
Alle Viertel Stunden zu wecken. welches noch gegenwärtig fort=
dauert Da ich nun in diesem nie, auch in Algier erhörten Zu=
stande nichts anders als den sichern Tod erwarten * konnte, 379

---

†) Undeutlich, ob sodann oder sofort zu lesen ist.

nachdem ich aber so viel erdauert, nicht gerne durch einen Selbst Mord meine Feynde lachen, meine Freünde hingegen weinen machen wolte. So folgete ich dem wohlgemeinten Rath des Herren Hpt. von Holzkammer, welcher mir aus Menschenliebe zuredete, meinen intriguen ein Ende zu machen, und mich in allem der discretion des Herren Generals, und Comendanten zu übergeben, wovon
380 ich mehr Vortheylle als von meinen * Kunstgriffen empfinden würde, Ich möchte deßhalb mein etwan verstecktes Geld herausgeben, damit mir ein anders Bette gemacht werden könnte, und ich nicht von Kälte, Blösse, Ungemach, und Hunger zu Grunde gehen müste. Da ich aber wirklich den letzten rest meines Geldes am 1! Septer verlohren hatte, und mich mein bemeldeter Notstand zu allen extremitaeten zwang; so erboth ich mich, falß Sr. Excell
381 der Commendant mir versicherte, keine Grausamkeit an der Person auszuüben, und mit Gelindigkeit verfahren wolten, den Ort freywillig zu entdecken, wo ich hier in der Stadt, nicht nur noch Geld liegen hatte, sondern täglich mehr empfangen könnte. Hierauf bekam ich die Versicherung meiner Bitte, mit dem Vermelden, daß man diese freymütige Bekandmachung, als meine warhaffte
382 Unterwerffung, und als ein Zeichen ansehen * würde, daß ich endlich meine eigenmächtige Bemühungen endigen wollte. Man würde auch sodann, weil ich meinen Canal, mir heimlich Geld zustecken zu lassen selbst verstopffte; dagegen von Seytten des Gouvernemens davor besorgt seyn, daß mir auf rechtmässige, und öffentliche Art meine Notdurfft nicht ferner verhindert würde. Hierauf, und gegen andre Versprechungen (davon man aber keine
383 gehalten) entdeckte ich nun * die Grenadier Frau Gebhardtin, von der ich pag: †) Erwehnung gemacht, und zwar deßhalb, weil ich wuste, daß Ihr Mann bereits vor dem Feynde anno 1756.

---

†) Lücke.

geblieben war, folglich keine Strafe mehr zu fürchten hatte. Was, und wie viel daselbst gefunden worden, ist mir unbekandt. Der elende Nutzen aber den ich dadurch erhielt, war eine Zulage von zwey ggroschen, damit ich nicht Hungers stürbe * und am 20! Oc- 384 tober ein neues Bette, bis dahin ich mich auf einem Strohsacke behelffen muste.

Weil man auch am 1! Septemb. meine Feylle bey mir gefunden hatte, so erzehlete ich dem Herrn v. Holzkammer discoursive, daß ich einem Wegnerischen Soldaten, dessen Namen ich wircklich nicht wuste 14. Louisdors davor bezahlet hätte, von dem ich nicht anders vermutete, als daß er müste desertiret seyn, da ich Ihn in drey * Monathen gar nicht wieder gehört. Dieses 385 entdeckte zufälliger Weise den Menschen, welcher noch wie pag: †) erwehnet der bey ihm gefundenen 12 Louisdors halber, worüber er sich nicht legitimiren können auf der Hauptwache arrestiret saß. Doch habe ich mir vor meine Person hierüber kein Gewissen zu machen. Weil er 1mo Mich nur um das Geld zu betrügen gesucht, und keine redliche Absichten hatte. * 2do Weil er 386 mir boshaffter Weise falschen rapport von der Thüre in den Wall gab, und dieselbe 16 fus weit beschrieb da sie 33 entfernet ist. folglich verursacht hat, daß mein Anschlag, den ich sonsten ohne Seinen Bericht hinterwerts in die Mine sicher ausgeführet hätte, fehl schlug.

3! Weil ich ihm treulich gerathen mit dem Gelde vorsichtig umzugehen, und sich, und mich nicht unglücklich zu machen, welches er aber nicht dreytage lang gehalten hat, sondern gleich entdecket ward.

* Was nun mich selbst betrifft so habe ich mein gegebenes 387 Wort von diesem 1! Septemb 757. an bis auf diese Stunde.

---

†) Lücke.

folglich gegenwärtig zwanzig Monathe lang ohnverbrüchlich gehalfen.†) So gar, daß ich, da ich im Februar 1758. offene, und sichere Gelegenheit zu neuer correspondenz, und intriguen vor mich hatte nichts anders gethan, als daß ich die sub pag: 225 gemeldete auswärtige Anstalten abgeschaffet, und contre- *mandiret habe, wobey ich Gott zum Zeugen anrufe. Was ich übrigens meiner Seyts in dieser langen Zeit mehr gethan um Klage zu erweisen, daß ich mich gänzlich meinem Schicksal überlassen habe, und das Ende davon in ruhiger Gelassenheit abwarten will, weiß niemand besser als der Herr Obrist Wachtmeister von Holzkammer, welcher, wenn er als Christ, und nach der Pflicht eines redlichen Mannes die Warheit spricht * nicht nur bekennen muß, daß ich aufrichtiger gehandelt habe, als ich hätte handeln sollen, sondern wircklich, in diesen 20 Monatten grausamer, und niederträchtiger bin begegnet worden, als da ich täglich neue Anschläge schmiedete. Wo ich doch wenigstens, wenn ich weniger parole gehalten, den Vortheyl gehabt hätte mir heimlich Geld kommen zu lassen, und gegenwärtig zu meiner subsistenz herzugeben, damit * ich nicht ferner bey Reichthum so kläglich darben dörffte. Dasjenige nun was das unversöhnliche Herz, und der aufgebrachte Haß des Herren General von Borck mir, wo nicht vom ersten Tage meiner Ankunfft in Magdeburg, so doch in diesen letzten 20 Monatten empfinden lassen, hoffe ich großmütigst verändert zu fühlen, da ich aus cholerischen Menschen ††) , in Fürstliche Hände verfallen bin, die einen fürstlich denckenden * Sclaven, nicht ferner Sclavisch zu mishandeln gestatten werden. Tyger wüten nicht mehr, wenn sie sich im Blute satt gesoffen haben. Und die Art der erschrödlichen Strafen, (da ich ein Joch von 68 Pfund

---

†) So statt gehalten.
††) Verwischt.

Eysen an meinen Gliedern trage, und alle Gemüts Foltern, die jemals ein Mann meiner Gattung erlitten, bitter genug gefühlet habe) hätte mich schon rein gewaschen, wenn ich mit Schandthaten des ruchlosesten Missethäters befleckt * wäre, wie viel eher sollte 392 man ermüden, einen Mann zu qwälen, der vor edle Handlungen, in den Staub verächtlicher Niedrigkeit verworffen, nach Rettung winselt. Ich bin zwar bereits von Leyden abgehärtet, und trotze meinem Schicksal; Habe auch der bereits auf ewig geschwächten, und dem gänzlichen Untergang nahen Glieder wegen keine Hofnung mehr vor mich, ein Alter zu erreichen, wo ich die höchsten Staffeln menschlichen Witzes sicher * erstiegen hätte. folglich auch 393 bereits die Lust vor mich selbst zu leben verloren. Kann es aber seyn, so möchte ich noch gerne die kluge Welt, durch meine grosse Erfahrung, und vielleicht nicht in mir vermutete Wissenschafften klüger zu machen suchen. Dieses ist eigentlich der Zweck warum ich mir die Freyheit wünsche: In mir selbst bleibe ich allezeit ohne Eigensinn unveränderlich; und bin nicht unter die Zahl solcher Menschen zu rechnen, die man * durch Strafen zu bessern 394 sucht, denn mein Gewissen ist ohne Vorwurf, und mein Herz unerschrocken, zugleich aber frey von aller Rachbegierde gegen meine Beleydiger. die mich, wenn Sie mich so, wie ich wircklich bin, und dencke, kenneten, nie beleydigt hätten. Haben Sie sich aber im Scheyn betrogen, so beleydigt mich nur mein Schicksal, weil es mich in solche Hände verfallen lassen, die das wahre vom falschen nicht unter= * scheyden wollen, oder können. Unwissenheit 395 aber beleydigt nicht den beleydigten, sondern in sich selbst den, der was er wissen könnte, und sollte, nicht wissen will. Genug! ein unpartheyischer Leser, wird aus der in meiner alten Bibel eingetragenen relation meines Geschickes, als aus diesem daraus folgenden Zusammenhange Gründe genug finden †) um vortheyl=

---

†) Lücke.

396 hafft von mir zu dencken, ein Menschen Herz wird dadurch * zum Mittleyden sicher bewogen werden. Und wer nicht just vor sich allein lebet, wird den Mund da zu gelegener Zeit zu öfnen wissen, wo man unglücklich bedrängten, die Bahn brechen, und nicht in vergeblichen Wünschen allein, sondern in wircklichen grosmütigen Bemühungen nützlich seyn kann.

397 Was noch schließlich meine hier kurz verfaßte Erzehlung betrifft, So habe ich in Ansehung der Art meiner * Bewachung noch folgende notata beyfügen wollen, die ich ex praxi besser einsehe, als die klügsten Männer der Welt, die niemals bewacht gewesen, und andre vorsichtig bewachen sollen. folglich hoffe ich, daß man meine gute Meinung nicht als einen Vorwitz, sondern, wie es in der That ist, als ein Merckmal meiner gänzlichen determination in mein Geschick, und Unterwerffung in die Gnade

398 unsers Durchlauchtigsten Gouverneurs, in Dessen Hände * Hände ich längstens gerathen zu seyn wünschete, ansehen, und erkennen wird.

1: Ein Gefängnis welches auf der blossen Erde stehet, muß keinen hölzernen Boden haben. Denn, wenn man ein Brett durchschneydet, oder ganz aufhebet, so kan man unten machen, und schneyden wie man will ob die Bretter hernach doppelt, oder zehnfach liegen. Mein Kercker wäre also impenetrabel wenn

399 * er mit grossen Quader Steinen ausgepflastert wäre, oder in Ermanglung derselben müsten anstatt der 3. fachen Bohlen, 6 Zollige, oder noch dickere Balcken geleget werden, welche aber von beyden Seytten zwey Zoll tief müsten in einander gefügt, oder gepfalzt seyn. wodurch, wenn sie auch mitten durchschnitten würden, das Aufheben doch unmöglich gemacht wäre. wobey man

400 zum Überfluß an beyden Enden * wo sie an der Mauer anliegen ein Loch in die Quere durchbohren, und also durch den ganzen Boden, inwendig eine Eyserne Stange durchstecken könnte. Oben

aber müfte an der Mauer herum ein Ower Balcken, drüber ge=
leget, und halb in die Maner eingeschoben liegen.

2: Die Thüren an meinem Gefängnis sind alle nur einen
Zoll dick, und von solcher Beschaffenheit, daß * ich mich erbiete, 401
dießelbe auf höchsten Befehl alle Viere innerhalb 8. längstens
10. Stunden, mitten durch, und folglich aufzuschneyden; und zwar
mit einem solchen Nagel, als ich dem Herren Major von Holzkammer anno 1757. selbst freywillig heraus gegeben habe. Da
man nun auch diese freymütige Entblössung von allen instrumenten, so wenig als alle andre bereits erzeigte Beweiß Gründe
meines zur * vollkommenen Beruhigung gefaßten Entschlusses, 402
folglich gar nichts zu meinem Vortheyl auslegen will. So ist
warscheynlich zu vermuten, daß ich noch mehr dergleichen Nägel
in reservo Versteckt haben müsse. mithin noch allezeit zu besorgen,
daß ich Schildwachten auf meine Seytte gewinne; die Thüren
auf diese Art öfne und durch ferner gemachte Anstalten dennoch
entfliehen könnte. Dieses nun, und alle Gefahr zu verhindern
* müfte die inwendige Thüre von aussen und innen mit starcken 403
Eysen Blech durcgehends beschlagen die auswendige aber ganz
von Eysen seyn. Oder noch besser anstatt der viellen unnützen
Thüren eine grosse Fall Thüre forne vor das Gefängnis gemacht
werden, die nicht anders, als durch Sechs Mann könte aufgezogen,
und beweget werden. Da ich aber meinen Schildwachten leicht
die Kunst lernen könnte * innerhalb einer Stunde alle neue 404
Schlösser ohne alles geräusch aufzumachen, so ist der notwendigste
Punct dieser, dem Arestanten die correspondenz mit seinen
Schildwachten total abzuschneyden. ehe ich aber hievon schreybe.
muß ich meinem Leser den Einwurf beantworten, warum ich denn
meine Kunst durch die Thüren so leicht zu echappiren nicht längst
in das Werck gesetzet, und so schwere, grosse minirungen unternommen habe * Dieses ist deßwegen geschehen. Weil man aus 405

den Thüren nicht ohne Vorwissen der Schildwachten hinaus kann; folglich hätte dieselbe mit mir gehen, und also desertiren müssen. Da ich nun in allen meinen Anschlägen zur Flucht mich davor gehütet habe, daß man mir nicht das Verbrechen imputiren könne, des Königes Soldaten zur desertion verleitet zu haben; So ist
406 dieses eben die Schuld warum * ich noch hier bin. Welches auch diese meine ganze relation einem unpartheyschen Leser deutlich überzeugen wird; Weil ich in allen Fällen Schildwachten auf meine Seytte gehabt, dennoch aber allezeyt meinen Ausbruch allein zu unternehmen anstellete. Wie man mir denn auch in keinem entdeckten Falle den mindesten Vorwurf dieser Art machen kann;
407 auch der unglücklich gewordene Faust, und der musquetirer * vom Wegnerischen Regiment nicht ein Wort von Verleitung zur desertion von mir gehöret zu haben im Verhör bekennen müssen. Gebhard, als die Haupt Person der mir zu meinen intriguen gedienet, ist gleichfalß ein Beweiß davon. Denn er ist ein Jahr nachher, als ein treuer Soldat seines Königes, vor dem Feynde todgeschossen worden, und vielleicht andre Seines gleichen mehr,
408 die mir hier meine freyheit * zu befördern hülfliche Hand geleistet haben. Daß sich aber Schütz erhenckte, ist nicht meine Schuld, denn der Narr lebete noch, oder wäre gleichfalß bereits in seines Königs Dienst erschossen worden, wenn er mich nicht zu betrügen gesucht, und sich selbst durch unzeytige Verzweifflung betrogen hätte. Ich bleibe also vor meine Person allezeyt von der Beschuldigung frey, und rein, Ihro Mayst: des Königes Soldaten
409 zur * Untreue verleitet zu haben. Denn, in so weit ich sie gebrauchet, meine Freyheit zu erlangen bin ich vom Natur Gesetz dazu berechtiget, auch gar verbunden; In denen Civil, Militair, und Völcker Rechten aber auf keine Weise strafbar, wenn ich als ein Mann, der in fremder Monarchen Diensten wircklich stehet, Ihro Mayest: dem Könige aber auf keine Art mit Eyd, und

Pflicht verbunden ist, die mir gewaltsam verhinderte Freyheit, 410
und noch dazu auf Befehl meines Herrn bestrebe.

Genug also hievon Ich kehre zu meinen obigen Zweck meine Bewachung betreffend zurück, und melde

3! Das Haupt Stück einen gefährlichen Arestanten sicher zu verwahren, ist. Die Verhinderung daß er weder mit seinen Schildwachten sprechen, noch correspondiren kann. Man verlasse sich hierinnen nicht auf * scharffe, und häuffige Ordres, sondern 411 glaube, daß verbotne Äpffel desto süßer schmecken, und je strenger das Verboth, je vorwitziger wird der Soldat, von dem arestanten selbst die Ursache zu hören warum man ihn so genau bewachet und schweigen heisset. Man betrüget sich auch sehr dabey, wenn man dazu Alte, oder so genandte vertraute Soldaten erwehlet. Denn der alte Soldat hat schon * öffters Ordres überschritten, 412 und weiß, daß der Galgen nur vor den gebaut ist, der sich fangen läßt, ist auch öffters glücklich durchgekommen, wenn er seinen Befehl überschritten hat. Deßhalb waget er auch tausendmal ehr etwas, als ein roher recroute, und dummer Bauern Bengel, der da glaubt was mein Officier will, das will Gott auch, und vor der Strafe schon zittert, ehe er das Gesetz überschritten hat. Diese probe, und Erfah= * rung kann ich meinem Leser als ein 413 practicus versichern. Und da ich überdem ein solcher Kenner der Menschlichen Temperamente bin, der sich schmeichelt, diese grosse Wissenschaft fast im höchsten Gipfel erstiegen zu haben, auch so gar aus der Stimme des Mannes sein temperament urtheyllen, folglich sogleich seine Neigungen, und wozu er zu gebrauchen schliessen kann. So darf sich mein Leser nicht * ver= 414 wundern, wie es möglich sey, daß ich bey denen genauen Obsichten, strengen Ordres, und grausamen geübten Strafen an denen Übertrettern, dennoch allezeyt gefunden habe was ich suchte. Und jüst allezeyt die vertrauteste Leutte auf meiner Seytten gewonnen, von Keinen aber, verrathen worden bin, ob ich gleich in allem 16. Mann hier gehabt die mein Geheimnis wusten, und 415 mir hülfliche Hand geleistet haben * Zu geschweige Derer, die sich nicht mit mir einlassen wollen, und dennoch geschwiegen haben. Hieraus ist demnach leicht zu schliessen, daß ich eben so wol, als allezeyt geschehen finden würde, wenn ich suchen wollte. Welches aber nunmehr sezt 20. Monathen nicht geschehen ist, noch vielweniger geschehen wird. da ich das was ich entschliesse, auch unverbrüchlich halten, kann. Inzwischen bleibt es eine ausgemachte 416 Gewißheit, daß die Haupt * Notwendigkeit zu Bewachung eines Arestanten diese sey, Ihm die correspondenz mit denen Wächtern zu benehmen, welches aber die häuffige Drat Gitter bey mir nicht verhindern, weil man dennoch biliets, zusammengebogne ducaten auch instrumenta durchstecken kann. Wie ich denn auch in die Leiste meines Leibstuhls ein bey 15 Zoll tieffes Loch gebohret hatte, wo mir allerhand Brieffe, und Sachen zugesteckt, auch 417 hinein, und hinaus * getragen worden sind, welches man aber ohnmöglich finden können, weil es von aussen allezeit mit Holz wohl verspindet, und verklebt wurde. Auf diese, und dergleichen häuffige Erfindungs Arten mehr kann ein Arestant allezeit Mittel finden die genaueste Obsicht zu hintergehen, wenn er mit seinen Wächtern zu sprechen Gelegenheit hat. Wenn aber in meinem 418 Kercker der Fuß-Boden, und Thüren auf oben * beschriebene Art geändert, und befestigt sind, so ist er an, und in sich selbst undurchdringlich, wenn die Mauern dabey täglich besehen, und visitiret werden. Geschiehet es aber wie auf der Citadelle nur alle 3 Tage, so hat der arestant Zeit das ausgebrochne Loch ordentlich wieder zuzumauern, welches, wenn es 24 Stunden betrocknen kann auch vollkommen unsichtbar zu machen ist. Wenn also diese Stücke in Erfüllung gesetzet werden so sind die Schildwachten unnütze Dinge, und dienen nicht zur Bewachung, sondern zur Hülffe des Arestanten

*5.†) Was die Eysen anlanget, womit ich an allen Gliedern 419 auf unmenschliche Art gefesselt bin, so haben alle meine entdeckte Anschläge gnugsam erwiesen, daß mich die Ketten niemals an meiner Arbeit, noch weniger an Ausführung meiner Freyheit gehindert, vielmehr zu Aufhebung des Bodens, und Durchbrechung der Mauern gedienet haben. Wilde bestien können zwar damit festgehalten werden; nicht aber vernünftige *Menschen, welche 420 allezeit sich entweder davon künstlich loszuschlingen, oder sie durch vortheylhaffte Gewalt zu zersprengen Mittel finden. Wie ich mich denn auch noch gegenwärtig erbiete, auf allmahligen Befehl, längstens innerhalb 2 Stunden ohne das mindeste verdächtige Geräusch von meinen so unzerbrechlich scheynenden Banden frey, und los zu seyn, welches der Schmid mit allen seinen instrumenten nicht geschwinder verrichten wird.

*6. Was im übrigen den Verboth betrifft mir kein papier, 421 Dinte, noch Federn zuzulassen so habe ich schon gezeiget daß ich ohne alles dieses dennoch schreyben kann. Auch im Fall der Not, mit meinen Haaren geheime correspondenzen zu führen gelernet habe. In sich selbst aber hat dieser Verboth keine andre Wirckung, als mich zu qwälen, und einen unschuldigen Zeitvertreib zu verhindern. *Wenn ich aber sonst einen auswärtigen 422 Brief Wechßel zu führen Gelegenheit habe, und führen will, so kann derjenige, der meine billiets zu bestellen annimt, und befördert, mir auch allezeyt gegenseytig das Papier zu meiner Notdurfft zustecken, sowol als er das beschriebene von mir empfängt. Habe ich aber niemanden zum Briefträger, so kann ich auch mit tausend Büchern papier nichts verbotenes, noch gefährliches *aus- 423 richten; Bleibt also diese praecaution mir papier zu verbieten, eine Vorsichtigkeit ohne Nutzen Man gönne also dem arestanten

---

†) 4 ist ausgefallen.

Papier so viel er haben will; und verwehre ihm die Brief Träger so wird das Papier nicht mißbraucht werden. Geschiehet aber das letztere nicht, so ist die erste Hinderniß vergeblich. Sollte nun aus dieser meiner offenherzigen Erzehlung und warhafftig
424 ohne allen * Betrug, noch sonsten in meinem gegenwärtigen Zustande wol erlaubten Arglist, verfaßten Vorschlage, das innere meiner Seelen erkannt, und eine redliche Absicht daraus zu meinem Vortheyl geurtheyllet werden. So wäre mein unterthänigstes Bitten. Ihro Durchlaucht unser gnädigste Gouverneur möchten erlauben daß ich mir von meinen eigenen Mitteln dörffte Geld
425 nach Magdeburg schicken lassen, wovon sodann mein * Gefängnis auf obbemeldete Art, oder wie es sonst immer Euer Durchlaucht gefällig befestigt, und auf meine Unkosten vollkommen undurchdringlich gemacht werden könte. Wogegen ich mir sodann eine erträglichere Begegnungs Art, besonders bessern, und anständigen Unterhalt, und freye lectur, nebst dem Gebrauch meiner Feder,
426 zu unschuldigen Zeitvertreib, in unterthänigkeit, fußfälligst * ausbitten würde. Ich bin von Natur vor die Feder geboren und wenn noch von mir, in meinem traurigen Zustande, eine Versicherung geglaubet wird; so betheure ich, daß mir bey meiner Art zu dencken, in meinem Kercker nichts fehle als Bücher, Feder und ein Weib; da ich nun das letztere ohnumgänglich entbehren muß, so ist die Bewilligung der ersteren, das warhaffte Mittel,
427 mich bey meinem grausamen Verhängnis voll= * kommen zu beruhigen: als wodurch ich die auffsprudelnde Gehirns, und Blut Regungen dämpffen und bey einer beständig, vernünftig, und niemand schädlichen Beschäftigung die Trauer Stunden hinbringen, folglich um desto weniger der Härte meines Zustandes nachsinnen würde.

Diese und andre zur Beqwemligkeit meines Gefängnisses,
428 und Erhaltung meines vielleicht der * der Welt noch nützlichen

Lebens, viel beytragende Kleinigkeiten, erwarte ich als Folgen, der edlen Denckungs Art, unsers Durchlauchtigsten Gouverneurs. Haben Hochdieselben aber Ursachen vor sich mir auch diese Erleichterung zu versagen, so werde ich mir hieraus keine * fürchter= 429 liche Vorstellungen, meinen verworffenen Zustand betreffend machen. Sondern vielmehr glauben, und mir selbst schmeichelhafft versichern daß der großmütige Herr, durch mein hartes Schicksal gerühret ist, und da mir alles fehlet, nur nicht in Kleinigkeitten soulagiren, sondern in dem Hauptwerck, vor mein Recht, und der daraus folgenden Freyheit väterlich sorgen, und mich * auf 430 einmal ohnvermütet erfreuen will. Wer ohne Vorwurf leydet, kann hoffen wie ich, und betrüget mich meine Hofnung, so betrüget mich doch mein Herz nicht, welches allen Folgen des wütenden Verhängnisses Heldenmässig entgegen siehet, auch so fest entschlossen ist, alles was erfolget mit ver= * nünftiger Ge= 431 lassenheit abzuwarten, daß ich mit diesem meinem Blute Gottes, und der Menschen Unbarmherzigkeit auf mich rufe, und lade, wenn fernerhin die mindeste intrigue zur Flucht in meinem Herzen stecket, noch unternommen werden soll, wenn ich auch offene, und sichere Gelegenheit dazu hätte, und frey in der Stadt herum gehen dörffte. welches ich zugleich mit Verpfändung der Ehre, eines recht denckenden Mannes * der recht denckenden Welt ver= 432 sichere. Geschehene Dinge aber, wozu ich gezwungen worden, sind nicht zu ändern, und gereuen mir auch nicht. weil ich sie bereits, wenn sie auch strafbar waren, sauer, und grausam genug gebüsset habe Es bleibet mir nun schließlich nichts übrig, als diejenigen in Deren Händen ich bin, und gegenwärtig warhaftig freudig bin, so beweglichst, als wehmütigst zu bitten, sowol dieser meiner ungeschminckten * Erzehlung, als der in meiner alten Bibel 433 eingetragenen Relation von meinem Schicksal eine mit menschlicher Fühlung begleittete Aufmercksamkeit zu gönnen; und wenn Sie sodann erkennen werden, wo mir der Schuh drücket, auch da zu sprechen, wo ich gezwungen schweigen muß. Beklage mich aber ein jeder nur seufzend, ohne das, zu sagen was er selbst einsiehet, 434 und Unrecht erkennet, * so wird der gegen mich aufgebrachte, und von meinen Feynden hintergangene, großmütige gerechte König niemals versöhnet, folglich bleibe, und werde ich ein Opffer warscheinlicher Vorürtheylle, und des rasenden Verhängnisses, wie in folgender Erzehlung, der unglückliche Knert, den Leser überzeugen wird.